Heinrich Detmer

Otto II.

Bis zum tode seines Vaters am 7. Mai 973

Heinrich Detmer

Otto II.
Bis zum tode seines Vaters am 7. Mai 973

ISBN/EAN: 9783743481855

Hergestellt in Europa, USA, Kanada, Australien, Japan

Cover: Foto ©ninafisch / pixelio.de

Heinrich Detmer

Otto II.

OTTO II.

BIS ZUM TODE SEINES VATERS

AM 7. MAI 973,

— • —

INAUGURAL-DISSERTATION

ZUR

ERLANGUNG DER DOCTORWÜRDE

BEI DER

PHILOSOPHISCHEN FACULTÄT DER UNIVERSITÄT LEIPZIG

VON

HEINRICH DETMER.

LEIPZIG
DRUCK VON W. SCHUWARDT & CO.
1878.

Die Geschichte Otto's II. lässt sich in zwei Abteilungen scheiden, deren erste von Otto's Geburt an bis zum Tode seines Vaters, am 7. Mai 973, reicht, die zweite sodann die weiteren Jahre bis zum Ende Otto's II. selbst, den 7. December 983, umfassen würde. Ein Gegensatz in der Darstellung beider Abschnitte ist bei dieser Trennung in gewisser Weise schon von selbst gegeben. Während der Historiker in der Beschreibung der ersten Periode über die ersten Jugendjahre Otto's, sowie über dessen erstes Auftreten als König und Kaiser zu berichten hat, ohne doch dabei vergessen zu dürfen, dass noch fast in allen Reichsangelegenheiten die mächtige Persönlichkeit Otto's I. in den Vordergrund tritt, Otto II. aber als Mitkönig und Mitkaiser eine nur selten völlig selbständige Stellung einnimmt; so ist bei Betrachtung der zweiten Periode die Erzählung an andere, weitere Gesichtspuncte gebunden. Hier tritt uns Otto II. als alleiniger Herrscher entgegen; er allein schaltet und waltet in den deutschen Landen; sein kaiserliches Wort machte den Anspruch, als das Wort des einzigen römischen Kaisers bei Allen williges Gehör zu finden, die sich der Wiederherstellung eines abendländischen Universalreiches hatten fügen müssen. Hier wird die Geschichte Otto's II. sich notwendiger Weise zu einer Reichsgeschichte erweitern, denn jedes Ereignis, welches das Reich, sei es nun in seinem inneren, oder in seinem äusseren Bestande, berührte, trat damit auch zugleich in Beziehungen zu dem Reichsoberhaupte selbst. Die erste Periode hingegen darf in ihrer Darstellung eine ungeteiltere Bezugnahme auf die persönlichen Schicksale und Handlungen Otto's II. zulassen. Damit soll nicht gesagt sein, dass die welthistorischen Begebenheiten, welche sich an den Namen Otto's des Grossen knüpften, auch nur im Geringsten übersehen werden dürfen. Im Gegenteil! Sie sind von entschiedenem Einfluss auf die Entwickelung des jungen Otto gewesen, haben ihm den Weg gezeigt, auf dem er künftig weiterschreiten sollte, und sind schon deshalb auch hier mit grösster Sorgfalt zu beachten. Aber in ihren Einzelnheiten gehören sie mehr in die Geschichte Otto's I. hinein. Hier werden sie nur dann zur eingehenderen Behandlung gelangen können, wenn der junge Otto an ihnen einen mehr oder minder selbständigen Anteil nimmt. Ueberhaupt wird es hier die Hauptaufgabe für den Historiker sein, neben der Erforschung der ersten Jugendjahre Otto's II., seines Bildungsganges und seiner mehr und mehr freien Entwickelung, auch in den Einzelnheiten den Grad der Selbständigkeit zu bestimmen, mit welcher der Sohn dem Vater zur Seite tritt. Wie die Quellen über die Zeit des alleinigen Regimentes Otto's II. nur überaus spärlich fliessen, so ist es fast noch in höherem Grade hier der Fall. Sie erstatten verhältnismässig ausführlichen Bericht über die Taten des grossen Vaters; über den jungen Sohn dagegen liefern sie nur kurze Notizen, die ausserdem in den verschiedenen Werken zerstreut sind, so dass sie nur mühsam und unvollkommen zu einem zusammenhängenden Ganzen verbunden werden können. Was aber an derartigen Nachrichten in Annalen, Chroniken, Biographien und anderen Werken der damaligen oder der späteren Zeit auf uns gekommen ist, muss immerhin beachtet werden. In Verbindung gebracht mit dem erhaltenen urkundlichen Material, lassen sich vielleicht doch Resultate gewinnen, die für die Geschichte nicht wertlos sind.

Otto II. ist gegen Ende des Jahres 955 geboren worden[1]).

---

[1]) Ich halte an der Angabe des Continuator Reginonis fest, der zum Jahre 955 (Mon. Germ. hist. S. S. I, p. 623) bemerkt: Otto filius regi nascitur. Die Nachricht der Annales Quedlinburgenses (über dieselben vergl. den Excurs 2), welche in demselben Jahre 955 Mathilde, die Tochter Otto's I. und der Adelheid geboren werden lassen (M. S. S. III, 59):

Er war der dritte Sohn Otto's I. und der Adelheid. Bei seiner Geburt waren seine beiden Brüder Heinrich und Brun[2]) noch am Leben, aber beide sind früh verstorben. Ueber Heinrichs, des ältesten Bruders, Geburt und Tod sind weiter keine directen Daten auf uns gekommen; nur führt das Necrologium Merseburgense, ohne jedoch ein bestimmtes Jahr anzugeben, zum 7. April an: Heinricus, filius Oddonis regis,

---

Mechtild, gemma praelucida, e medio coronae imperialis, decori suis et gaudio cunctis, nascendo enituit, steht hiermit durchaus nicht im Widerspruch, wie zuerst Hahn (Teutsche Staats-, Reichs- und Kayserhistorie II, p. 104, Anm. g), nach dessen Vorgang später Dönniges in Ranke's Jahrbüchern des deutschen Reiches I, 3, pag. 83, und in neuester Zeit noch Dümmler (Kaiser Otto der Grosse pag. 292 Anm. 2) gemeint haben. Da bei dem Cont. Regin. Otto's II. Geburt nach dem Tode Herzog Heinrich's von Bayern, also nach dem ersten November 955 angesetzt ist, so wird sie ganz an den Schluss des Jahres 955 fallen, während Mathilde sehr wol am Anfang desselben Jahres geboren sein kann. Damit würde die Notiz in der vita Mathild. post. cap. 15 (M. S. S. IV, 293): *Primo* procreabant (Otto und Adelheid) puellam, inclitae Mathildis reginae vocabulo dictam, ... *Exinde* gignebant puerulum, patris nomine vocatum vollständig übereinstimmen. Eine directe Nachricht über Otto's II. Geburt findet sich in späterer Zeit nur noch in der Chronik des Albricus zum Jahre 955 (M. S. S. XXIII, 767): Eodem anno natus est imperatori Ottoni secundus Otto ex supradicta regina Adalheida. Die Angabe der Ann. Lobienses (M. S. S. II, 210), welche Otto II. bei seiner Königsweihe, am 26. Mai 961, septimo aetatis suae anno stehen lassen, und denen wieder, wenn auch etwas ungenau, Sigebert von Gembloux in seiner Chronik folgt (zum Jahre 961 M. S. S. VI, 350), trifft freilich nicht ganz mit der des Contin. Regin. zusammen. Doch dürfen wir das Zeugnis dieses trefflichen Gewährsmannes wegen jener einen abweichenden Nachricht wol kaum für unbedingt falsch halten.

[2]) Widukind III, cap. 12 (S. S. III, 453): Nati sunt autem regi filii ex serenissima regina primogenitus Heinricus, secundus Brun, tertius paterni nominis maiestate designatus. Aehnlich heisst es in den gestis episcoporum Halberstadensium (S. S. XXIII, 84), und aus Widukind excerpirt in Ekkehards Chronic. univ. (S. S. VI, 188). Gesta epp. Halberst. a. a. O. . . . ex qua (Adelheid) genuit tres filios, Henricum, Brunonem et Ottonem Rufum. (Ueber diesen Beinamen, worüber später zu handeln, s. Giesebrecht in Rankes Jahrbüchern 2, 1, pag. 3, Anm. 3.)

obiit³). Sonst finden wir ihn in den Quellen nur noch einmal erwähnt, und zwar in den Annalen des Flodoard. Otto I., heisst es, habe, wie man sagt, ihm beim Ausbruch der Empörung Liudolfs die Nachfolge im Reiche versprochen, die er einst (946) dem Liudolf selbst zugesichert hätte⁴).

Brun, der zweite Bruder, ist wahrscheinlich am 8. September 957 gestorben⁵).

Von seinen Halbbrüdern kannte der junge Otto nur Wilhelm, den unehelichen Sohn Otto's des Grossen. Wir werden sehen, in wie nahe Beziehungen in der Folge beide zu einander getreten sind. Wilhelm, der erst vor kurzer Zeit, gegen Ende des Jahres 954, den erzbischöflichen Stuhl in Mainz bestiegen hatte, hat auf die Entwickelung seines jüngeren Stiefbruders einen entscheidenden Einfluss geübt, und er war es, unter dessen Leitung der künftige Nachfolger im Reiche zuerst die Bahnen betrat, auf denen er später selbständig und mit voller eigener Verantwortung weiter schreiten sollte. Liudgard, die einzige Tochter Otto's I., Gemahlin des Herzogs Konrad von Lothringen, war bereits am 18. November 953 gestorben⁶), und so war von den Kindern des grossen Königs bei Otto's II. Geburt ausser jenem Wilhelm nur noch Liudolf am Leben, der einst so schwer gegen seinen Vater und das Reich gesündigt, dann aber auf-

---

³) Vergl. Höfer: Zeitschrift für Archivkunde I. p. 112.
⁴) Flodoard ad an. 953 (S. S. III, 401): Nato siquidem regi filio ex moderna coniuge ferebatur eidem puero rex regnum suum promittere, quod olim, priusquam Italiam peteret, Liudulfo delegaverat. Auch wenn kein Name genannt ist, kann dieses nur auf Heinrich gehen, da er der nächst Berechtigte war.
⁵) So berichtet wenigstens das Necrolog. Fuld. mai bei Leibniz: Script. rerum Brunsvic.: Brunn parvulus regis filius VI. Id. Sept. (tom. 3, p. 764). Bei Dronke: Tradit. et antt. Fuldenses min pag. 177 heisst es ohne genauere Angabe des Tages einfach: Bruun parvulus. Die Ann. Lobienses (S. S. II, 210) setzen seinen Tod jedoch in das Jahr 956, sie sind aber in ihrer Chronologie nicht zuverlässig und öfter um ein Jahr zurück, wie sie denn auch Liudolfs Tod statt zu 957 zu 956 setzen.
⁶) Cont. Regin. 953 (S. S. I, 622) Liudgarda, filia regis, obiit. Den Todestag gibt das Necrolog. Merseburg. an. (Höfer's Zeitschrift I, p. 125.)

richtige Reue gezeigt und vollständige Verzeihung erhalten hatte. Aber auch ihn raffte ein hartes Geschick in der Fülle der Jugendkraft — er zählte kaum 26 Jahre — dahin, als er nach glänzenden Erfolgen gegen den aufrührerischen Berengar und dessen Sohn Adalbert im Begriffe stand, mit Ehren und Ruhm bedeckt, aus Italien zur Heimat zurückzukehren. Sein Tod erregte überall die tiefste Trauer; seine Leiche wurde über die Alpen nach Mainz gebracht und dort in der St. Albanskirche feierlichst bestattet[7].)

Der Ansicht Giesebrechts[8]), als sei der junge Sohn Liudolfs, Otto, sehr bald nachher an den Hof berufen und dort mit dem Königssohne gemeinsam erzogen worden, ist schon mit Recht von Dümmler entgegengetreten[9]).

Nach dem Tode Liudolfs war Otto der Einzige, auf den der König sein gewaltiges Reich vererben konnte. Es ist wol gewiss, dass der Vater von Anfang an sein ernstes Streben darauf richtete, dem ihm noch übrig gelassenen Sohn schon früh die Nachfolge in den deutschen Landen zu sichern. Bei der Uebertragung des deutschen Königtums hat sich jedoch eine eigentümliche, historisch erwachsene Verbindung von Wahl und Erblichkeit geltend gemacht, deren einzelne Phasen sich sehr wol überblicken lassen[10]).

---

[7]) Widukind III. cap. 57 (S. S. III, 461) Liudulfus . . . diem extremum obiit, toto Francorum imperio relinquens suo vulnere vulnus durum. Funus autem eius a militibus debito honore curatum, et ab Italia. Mogontiae corpus translatum in basilica Albani martiris sepultum est cum luctu et planctu multorum populorum. Als Todestag Liudolf's wird im Necrolog. Fuld. mai. der 6. September 957 angegeben. (Vergl. Leibniz: Scr. rer. Brunsv. III, pag. 764 und Dümmler: Kais. Otto I, 289 Anm. 3.

[8]) Vergl. Giesebrecht: Gesch. d. dtsch. Kaiserzeit I⁴, pag. 452.

[9]) Vergl. Dümmler: Kaiser Otto der Grosse, pag. 290, Anm. 2. Die Stelle in den Cas. St. Galli (S. S. II, 138) wird hier richtig als eine schwache Gewähr gebend angeführt.

[10]) Vergl. hierüber besonders Waitz: Deutsche Verfassungsgesch. VI, pag. 120 ff. und Usinger im Excurs III bei Hirsch: Heinrich II. Bd. I, pag. 429 ff.

Nach dem Tode Ludwigs des Kindes, des letzten vom Mannsstamme der deutschen karolingischen Linie, wählten die Grossen nach freier Wahl aus ihrer Mitte einen Herrscher, und nachdem dieser kinderlos verstorben, übertrugen sie die Obergewalt dem Sachsen Heinrich, auch noch, wenigstens äusserlich, in freier Wahl, indem sie aber doch schon grosses Gewicht auf die Designation ihres sterbenden Königs legten und die Gewalt der sächsischen Waffen berücksichtigten. Es muss uns natürlich erscheinen, dass Heinrich die Krone seinem Geschlechte erhalten zu sehen wünschte, und der von ihm deshalb eingeschlagene Weg führte am sichersten zum Ziele. Als er von einer Krankheit befallen war und sein Ende nahe fühlte, designirte er in einer Versammlung der Fürsten in Erfurt seinen ältesten Sohn Otto zu seinem Nachfolger[11]).

Eine eigentliche Wahl musste natürlich noch erfolgen, aber das Resultat derselben konnte nunmehr kaum noch zweifelhaft sein. Einen Schritt weiter als der Vater ging sein Sohn Otto I., zunächst im Jahre 946, als er die Grossen des Reiches schwören liess, nach seinem Tode einst die Nachfolge seinem Sohne Liudolf zuwenden zu wollen[12]).

Die Fürsten hatten sich damit für dieses eine Mal wenigstens ihres unbedingten freien Wahlrechtes begeben, denn sie mussten sich an das eidliche Versprechen gebunden erachten.

Noch weiter aber ging Otto I., als er nach dem Tode Liudolf's dem jüngsten Sohne die künftige Herrschaft gesichert

---

[11]) Widukind I, cap. 41 (S. S. III, 435): . . . designavit (scil. Heinricus) filium suum Oddonem regem. Vergl. Waitz: König Heinrich I. pag. 177 und Köpke-Dümmler: Kaiser Otto der Grosse pag. 21 ff.

[12]) Flodoard ad an. 953 (S. S. III, 401): Regnum suum (Otto) ... olim ... Liudulfo delegaverat et magnates suos eidem promittere fidelitatem iure iurando fecerat. — Widukind III, cap. 1 (S. S. III, 451): Post excessum Edidis reginae (946) . . . . (Otto) facto testamento creavit eum (scil. Liudulfum) regem post se. Vergl. Waitz: Deutsche Verfassungsgeschichte VI pag. 131 Anm. 1: „Doch den königlichen Titel hat Liudolf offenbar nicht empfangen, und mit Unrecht nennen die Ann. Laub und Leod. ihn rex."

wissen wollte. Er liess nämlich, da er selbst noch im kräftigen Mannesalter stand — er hatte das fünfzigste Jahr noch nicht erreicht — eine besondere Wahl vornehmen und den jungen Otto von den Grossen geradezu zum König erheben. Dieses Vorgehen deutet gewiss auf eine ganz besondere Machtstellung des damaligen Herrschers hin. Was ihn dazu veranlasst hat, was der Antrieb gewesen ist, dass Otto I. sich nicht mit einem Eide der Fürsten, später Otto II. zu ihrem Herrscher zu erwählen, begnügt hat, ist besonders aus einer Stelle des Liudprand deutlich zu erkennen. Der König, so ungefähr heisst es hier, gab den flehentlichen Bitten der Italiener nach und brach eiligst mit einem gesammelten Heere nach Italien auf. Seinen jugendlichen Sohn aber, den er gegen die Sitte schon im Knabenalter zum König hatte erwählen lassen, liess er in der deutschen Heimat zurück[13].

Ueberhaupt wird diese Königswahl auch in anderen Quellen in so unmittelbaren Zusammenhang mit Otto's I. beabsichtigtem Zug nach Italien gebracht[14]), dass für uns kaum ein Zweifel darüber entstehen kann, es sei besonders die Entfernung von Deutschland auf unbestimmte Zeit gewesen, die den König bewog, seinen Sohn in vollkommen rechtsgültiger Weise zu seinem Mitregenten erheben zu lassen. Ausserdem war damit der deutsche Tron seinem Geschlechte zunächst gegen jeden Einspruch gesichert, und endlich mag, wie Usinger treffend bemerkt[15]), auch der Umstand noch mitgewirkt haben, dass Otto I.

---

[13]) Liudprand: Hist. Ottonis cap. 2 (S. S. III, 340): Horum (der Italiener) itaque rex piissimus lacrimosis quaestibus inclinatus, ... filium suum sibi aequivocum contra morem puerilibus in annis regem constituens, eum in Saxonia dereliquit; ipse, collectis copiis, Italiam percitus venit.

[14]) Cont. Regin. (S. S. I, 624): Rex in Italiam ire disponens maximam suorum fidelium multitudinem Wormatiae coadunavit, ubi . . . . filius eius rex eligitur. — Ruotger: Vita Brunonis cap. 41 (S. S. IV, 270): Caesar ipse futurus (Otto I.), electum summo consensu ab omni populo (Ottonem II.) regem esse constituit.

[15]) Vergl. Excurs 3 bei Hirsch: Heinrich II. Bd. I. 435.

selbst die höhere Kaiserwürde für sich erwerben wollte. Wenigstens gibt Ruotger in seiner Lebensbeschreibung des Erzbischofs Brun von Köln eine Andeutung hierfür[16]).

Die Wahl selbst fand in Worms Statt. Dass es sich um eine Wahl im vollsten Sinne des Wortes, mit allen herkömmlichen Formen gehandelt habe, geht nicht nur aus den in den Quellen gebrauchten Ausdrücken: rex eligitur, oder: rex effectus est[17]), sondern auch daraus hervor, dass an dem Acte neben den Grossen des Reiches auch das Volk beteiligt gewesen ist. Denn es wird uns ausdrücklich überliefert, dass mit einmütiger Zustimmung der Fürsten des Reiches und des ganzen Volkes Otto II. zum König erwählt worden sei[18]). Es fand hier also, wie wir deutlich erkennen, nicht nur eine vorläufige Abmachung für eine später zu erfolgende Wahl Statt, sondern die Wahl selbst wurde hier vollgültig und rechtskräftig vollzogen. Ueber den Vorgang selbst sind wir nicht genauer unterrichtet; er wird sich aber kaum anders gestaltet haben, als er bei den letzten Königswahlen üblich geworden war. Die Grossen werden ihre Stimmen auf Otto II. vereinigt, das Volk wird durch Acclamation seine Zustimmung zu erkennen gegeben haben[19]).

---

[16]) Ruotger Vita Brunonis a. a. O. (S. S. IV, 270). Das Hauptgewicht ist hier auf die Worte: caesar ipse futurus zu legen.

[17]) Cont. Regin. a. a. O. (S. S. I, 624). — Ann. Einsidlenses ad an. 961 (S. S. III, 142): Otto, filius regis, *eligitur* in regem. — Ann. Colonienses (S. S. I, 98): Otto minor rex *effectus est*. — Ann. Allah. mai (S. S XX, 736) . . . Oddo rex *factus est*.

[18]) Cont. Regin. a. a. O. Consensu et unanimitate regni procerum toliusque populi. Ruotger: Vita Brunonis a. a. O. sagt nur: summo consensu ab omni populo. Bemerkenswert erscheint mir der Unterschied zwischen dem Vorgehen hier und dem, welches früher in Betreff Liudolfs Statt hatte. In der oben citirten Stelle spricht Flodoard nur von den Fürsten, welche dem König einen Eid leisten, künftig Liudolf die Untertanentreue zu halten. Hier erscheint das Volk selbst an der Handlung beteiligt.

[19]) Ueber die Form der Wahl hat Waitz: Verfassungsgeschichte VI. p. 134 ff. und Usinger im dritten Excurs zu Hirsch: Heinrich II. Bd. 1 gehandelt.

Ein wesentlicher Punkt darf hier nicht übersehen werden. So sehr wir auch finden, dass hier noch an der Form einer freien Wahl festgehalten wurde, so tritt uns hier doch zum ersten Male seit der Begründung des deutschen Reiches der Wille des augenblicklichen Herrschers als durchaus bestimmend über die Persönlichkeit des künftigen Königs entgegen, insofern er das Erbrecht für die nächste Zeit zu sichern weiss. Otto I. hatte zu jener Zeit in seinen Landen eine unbedingte Machtfülle. Nach einer Reihe von Jahren, die angefüllt sind mit fast ununterbrochenen harten Kämpfen gegen äussere Feinde und gegen Ruhestörer im eigenen Reiche, nach heftigem Ringen mit feindlichen Gewalten, die um so gefahrdrohender waren, als sie zum Teil den lebhaftesten Anhang in der Familie des Königs selbst fanden, hatte Otto erreicht, was sein nächstes Ziel gewesen war, die allgemeine Anerkennung seiner königlichen Autorität. Nur eine Herrschergestalt, wie Otto I., konnte es wagen, das deutsche Volk, oder vielmehr die Träger seiner politischen Gewalten, zu veranlassen, zum ersten Male von den gewohnten Bahnen abzuweichen. Seit Arnulf's Zeiten war es, wie wir wissen, wol vorgekommen, dass der Vater vor seinem Tode dem Sohne die Nachfolge im Reiche gesichert hatte, aber dass der Sohn zugleich factisch zum Könige gewählt wurde und damit auch Teilhaber an der Regierung ward, ist eine Tatsache, die zuerst Otto I. ins Leben gerufen hat, die dann aber lange Zeit hindurch von den deutschen Königen nachgeahmt wurde. Hier kommt nun noch hinzu, dass Otto II. noch minderjährig war. Wenn Otto I. trotz alledem seinen Willen durchzusetzen vermochte, so gibt das eben den schlagendsten Beweis für seine umfassende Herrschergewalt. Die Wahl der Grossen ist sicherlich nichts Anderes gewesen, als eine blosse Form[20], an welcher der König freilich festhalten musste.

---

[20] Der Ort, wo eine Wahl stattfand, kann für die mehr oder minder formale Bedeutung derselben nicht in Betracht kommen. Seit der Erhebung Konrads I. finden wir, dass die deutschen Könige an den verschiedensten Orten gewählt worden sind, Konrad I. in Forchheim, Hein-

In Wirklichkeit konnte kein deutscher Fürst wagen, dem Willen des Herrschers in dieser Beziehung entgegenzutreten. Wenn wir auch anerkennen müssen, dass die deutschen Fürsten, nicht minder aber auch das deutsche Volk, ein grosses Gewicht darauf legten, aus welchem Geschlechte der künftige Herrscher entsprossen sei, dass sie ferner daran festhielten, der Abkömmling eines königlichen Geschlechtes habe zunächst einen begründeten Anspruch darauf, bei der Königswahl in Betracht gezogen zu werden, so hat doch diese Rücksichtnahme hier nicht einzig und allein mitgewirkt. Es war vielmehr besonders Otto's I. persönlicher Wille, der bei dem ganzen Acte entscheidend war. Die Quellen deuten öfter darauf hin. Wir finden wiederholt dort ausgesprochen, der Vater habe den Sohn zum König bestimmt[21]).

Wir sind aus den Quellen nicht genauer darüber unterrichtet, unter wessen Beteiligung und unter welchen Ceremonien die Wahl Otto's II. vor sich gegangen ist. Der Continuator Reginonis, unser ausführlichster, wenn auch immerhin noch sehr knapper Berichterstatter, meldet uns, wie gesagt, nur von einer einmütigen Zustimmung des ganzen Volkes und der Grossen des Reiches. Ruotger dagegen läst Otto II. nur summo consensu ab omni populo gewählt sein[22]). Sonst finden wir in ungefähr gleichzeitigen Aufzeichnungen keine weitere Notiz darüber. Wol aber haben wir das Recht, nach den Nachrichten des Fortsetzers des Regino noch eine bedeutsame Beschränkung hervorzuheben, nämlich die, dass sich die Fürsten des lothringischen Landes in Worms an der Königswahl auf keinen Fall

---

rich I. in Fritzlar, Otto I. in der Kaiserpfalz in Aachen, Otto II. in Worms. Erst in viel späterer Zeit wurde Frankfurt a. M. der Platz, an dem die deutschen Königswahlen regelmässig vorgenommen wurden. Vergl. Waitz: Deutsche Verfassungsgeschichte VI, pag. 141 ff.

[21]) Ruotger: Vita Brunonis a. a. O. (S. S. IV, 270): .... (Ottonem II.) regem esse *constituit*. — Liudprand: Vita Ottonis; cap. 2 (S. S. III, 340): .... filium suum regem *constituens*.

[22]) In der öfter citirten Stelle der vita Brun. cap. 41.

beteiligt haben können. Denn sonst wäre uns nicht bei Gelegenheit der späteren Krönung ausdrücklich überliefert worden, sie sei nach Uebereinkunft und Wahl aller Lothringer geschehen [23]). Weist diese Nachricht einesteils darauf hin, dass die Grossen Lothringens bei dem wichtigen Acte in Worms gefehlt haben, so können wir andererseits in ihr eine indirecte Bestätigung für die Vornahme einer förmlichen Wahl seitens aller übrigen deutschen Stämme sehen [24]).

Wollte Otto I. nicht nur seinem Geschlechte für die nächste Zukunft die Krone erhalten sehen, sondern, wie es mir zweifellos scheint, auch während seiner demnächstigen Entfernung jenseit der Alpen die deutschen Lande unter einem allgemein anerkannten Oberhaupte wissen, so erschien die blosse Wahl Otto's II. hierfür noch nicht genügend. Sie musste durch die feierliche Salbung und Krönung noch die eigentliche Weihe erhalten. Beides, vom fränkischen Reiche auf das deutsche übertragen, war hier nicht ununterbrochen geübt worden. Wir wissen, dass Heinrich I. die kirchliche Weihe nicht erhielt.[25]) Otto I. aber, der selbst in Aachen auf das feierlichste von den angesehensten geistlichen Würdenträgern seines Reiches in sein Königtum eingeführt war, mochte Aehnliches für seinen Sohn wünschen, und wir werden kaum irren, wenn wir annehmen, dass in der Ausführung des Ceremonielles ein besonderer Wunsch Otto's 1.

---

[23]) Cont. Regin. a. a. O. Indeque (von Worms) progrediens convenientia quoque et electione omnium Lothariensium Aquis rex ordinatur. Also hier in Aachen erst müssen die Lothringer der Wahl der übrigen deutschen Grossen ihre Zustimmung gegeben haben und beigetreten sein.

[24]) Waitz macht in seiner deutschen Verfassungsgeschichte VI, pag. 136 (Text und Anm. 2) zwar auf die bezügliche Stelle des Cont. Regin. aufmerksam. Indem er aber nur „die Anerkennung" der Lothringer hervorhebt, hat er einzig auf den Ausdruck *convenientia* Gewicht gelegt. Mir scheint die Hauptsache zu sein, dass noch einmal, wenn auch nur von einem einzelnen Stamme, eine *electio* Statt gefunden habe. Uebrigens wird in keiner weiteren Quelle diese Sonderwahl berührt.

[25]) Vergl. Waitz: Heinrich I, p. 42 f und Excurs 7.

erfüllt wurde. Seit dieser Zeit ist dann Salbung und Krönung nach der Wahl im deutschen Reiche gebräuchlich geblieben.

Von Worms aus begaben sich die beiden Könige und mit ihnen die Fürsten nach Aachen. Hier fand, nachdem auch die Lothringer den jungen Otto zum König erkoren hatten, der kirchliche Weiheact statt am 26. Mai 961[26]).

Bei der Salbung activ beteiligt waren die Erzbischöfe Brun von Köln, Wilhelm von Mainz und Heinrich von Trier, ferner die übrige Geistlichkeit. In lautem Zuruf jubelte das Volk: „Es lebe der König in Ewigkeit!"[27])

So ausführlich wir von den näheren Einzelheiten bei der Salbung Otto's I. unterrichtet sind, bei der Otto's II. lassen uns alle Quellen im Stiche. Sie geben uns nicht einmal an, wer von den Erzbischöfen vor den anderen einen Vorrang genoss, wenn wir nicht etwa aus dem Umstande, dass Brun von Köln an erster Stelle genannt wird, den Schluss ziehen wollen, ihm sei auch bei der Feier der Hauptanteil zugefallen. Ganz fest lässt es sich kaum entscheiden, doch spricht die höchste Wahrscheinlichkeit dafür, zumal da Aachen auch in der Kölner Erzdiöcese lag[28]).

Auch darüber, wer die übrigen mitwirkenden Geistlichen gewesen, ist uns keine Andeutung erhalten worden.

Wol war der junge Otto nun in aller hergebrachten Form zum deutschen König erwählt und auf das Feierlichste gesalbt worden; als einem fünfjährigen Kinde aber konnte ihm fürs

---

[26]) Den Ort geben ausser dem Cont. Reginonis a. a. O. an: Ruotger: Vita Brunonis, cap. 41, Lambert: Ann. (S. S. III, 61) Eine genaue Zeitbestimmung geben zum Jahre 961 die Ann. Lobienses (S. S. II, 210), welche die Salbung 7 Kal. Jun. in palatio Aquensi geschehen lassen.

[27]) Vita Brunonis a. a. O. Unxeruntque Ottonem . . . . Bruno archiepiscopus, Wilhelmus et Heinricus caeterique sacerdotes Domini regem in Aquisgrani palatio et exultavit maxima gratulatione populus dicens: Vivat rex in aeternum.

[28]) Andererseits muss aber auch darauf hingewiesen werden, dass bei der Salbung Otto's I., die auch in Aachen Statt fand, der Erzbischof Hildibert von Mainz den Vorrang hatte. (Vergl. Widukind II, cap. 1 (S. S. III, 437 u. 438.).

Erste noch kein selbstündiger Anteil an den Regierungsgeschäften übertragen werden. Seine Erziehung hatte kaum begonnen, und so musste ihn der Vater während der Zeit seiner eigenen Abwesenheit von Deutschland zuverlässigen Händen anvertrauen. Die geeignetste Persönlichkeit hierfür sah er in seinem Sohne Wilhelm, dem Erzbischof von Mainz, der sein unbedingtes Vertrauen genoss. Ihm wurde der junge König übergeben[29]), und ihm vorzüglich scheint die Sorge für die Erziehung überantwortet gewesen zu sein. Dass er diese mit dem Erzbischof Brun geteilt habe, ist nur in der vita Brunonis erwähnt[30]). Sicher ist, dass beiden Erzbischöfen zugleich auch die Verwaltung der Regierungsgeschäfte übertragen wurde. Genauere Angaben fehlen; wahrscheinlich aber übernahm Brun für Lothringen, Wilhelm für das übrige Deutschland die Vertretung des Königs[31]).

Ausser dem Erzbischof Wilhelm von Mainz werden noch andere Erzieher des jungen Königs erwähnt, unter ihnen Männer von bedeutendem Rufe in der damaligen gelehrten Welt. Otto I., der selbst ohne jede gelehrte Bildung in seiner Jugend aufgewachsen war, der erst im reiferen Mannesalter Lesen und Schreiben gelernt hatte, der nie die lateinische Sprache ver-

[29]) Cont. Regim. a. a. O. Filium (Ottonem II.) Willihelmo archiepiscopo tuendum et nutriendum commisit. Die Nachricht der vita Mathildis post.-cap. 21 (S. S. IV, 297), der zufolge Otto I. regnum et Ottonem parvum filium suum piae matri et archiepiscopo Wilhelmo überwiesen haben soll, halte ich mit Usinger bei Hirsch: Heinrich II. Bd. 1, pag 435 für unzuverlässig, da sie in der älteren vita Mathildis gänzlich fehlt.

[30]) Hunc (Ottonem II.) archiepiscopis patruo fratique (Ottonis II., Brunoni et Wilhelmo) commendatum ad custodiam regni cisalpini reliquerat imperator. (Ruotger: Vita Brun, 41).

[31]) Jedenfalls irrt Dönniges, wenn er in Rankes Jahrbüchern I, 3, pag. 83, Anm. 6, die Stelle Widukinds III., cap. 74 (S. S. III, 465) auf das Jahr 961 bezieht. Sie handelt vielmehr vom Jahre 966, als Otto I., da er wiederum nach Italien ziehen wollte, auf einer Versammlung in Worms die Reichsverwaltung an Erzbischof Wilhelm übertrug. Ebenso ist es mit der von Dönniges a. a. O. citirten Stelle des Thietmar II., 12 (S. S. III, 749).

stand, geschweige denn im Stande war, sie zu sprechen,[32]) mochte an sich selbst den Mangel einer mehr wissenschaftlichen Ausbildung empfunden haben. Jedenfalls tat er Alles, seinem Sohne eine gründliche Erziehung angedeihen zu lassen. Auch Adelheid, Otto's II. Mutter, war eine Frau, der es nicht an feiner Bildung fehlte[33]); sie hat gewiss auch Sorge dafür getragen, ihren Sohn von tüchtigen Lehrern umgeben zu sehen.

In einer Urkunde vom 15. October 967 nennt Otto II. selbst einen Grafen Huoto seinen „geliebten Lehrer"[34]). Wo die Grafschaft dieses Huoto gelegen habe, wird nicht weiter angegeben, auch wissen wir sonst nichts Zuverlässiges über ihn. Giesebrecht lässt den jungen König von ihm „in den Waffen und in ritterlicher Sitte" unterwiesen sein[35]). Auch hierüber fehlt uns jede Nachricht, doch ist es wahrscheinlich, dass gerade zu solchen Unterweisungen ein weltlicher Grosser am passendsten erschien. Ein anderer Lehrer Otto's II. wird uns von Thietmar in der Person Wolcold's genannt, der im Jahre 970 Bischof von Meissen wurde[36]). Besonders aber ist hier der gelehrte Ekkehard zu erwähnen, derselbe der mit Hedwig, der verwittweten Herzogin von Schwaben, auf der Feste Hohentwiel die römischen Dichter las. Durch ihre Fürsprache wurde er später an den königlichen Hof gezogen, teils um in der königlichen Kapelle zu dienen, teils um als Lehrer dem jungen Otto zur Seite zu stehen und überhaupt bei wichtigen Angelegenheiten seinen Rat zu erteilen[37]).

[32]) Vergl. Dümmler: Kaiser Otto der Grosse, pag. 515 ff.
[33]) Ekkehard nennt sie in den cas. St. Galli (S. S. II, 146) literatissima.
[34]) Monum. Boica XXVIII b, 190, wo es in der Urkunde heisst:
. . . . per interventum venerabilium virorum Diodrici episcopi et Huotonis comitis dilectique magistri nostri . . . . .
[35]) Vergl. Rankes Jahrbücher II, 1, pag. 2.
[36]) Thietmar: Chronicon IV, 5. (S. S. III, 769) Vergl. dazu Waitz: Deutsche Verfassungsgesch. VI, p. 209, Anm. 5.
[37]) Ekkehardi cas. St. Galli (S. S. II, 126) Assumptus est interea in aulam Ottonum patris et filii, Hadewiga agente, Ekkehardus, ut capellae semper immanens doctrinae adolescentis regis nec non et summis dexter esset consiliis. Vergl. auch über Ekkehard als Lehrer Otto's II. S. S. II, 138.

In seinem Kloster St. Gallen nannte man ihn palatinus, Höfling. Er ist als Probst in Mainz gestorben.

In diesem Zusammenhange darf schliesslich nicht unerwähnt bleiben, dass auch der Vater einen bedeutsamen Einfluss auf die Entwickelung des Sohnes geübt hat. Sein Beispiel wird gewiss in der empfänglichen Seele des Knaben und Jünglings nachdrücklich gewirkt haben. Noch war Otto II. ein Kind, als sein grosser Vater fern von der Heimat in den Mauern der grossen Caesarenstadt mit der Annahme der römischen Kaiserkrone der höchsten Idee, von welcher er erfüllt war, eine glänzende Verwirklichung geschaffen hat; noch konnte der Sohn die volle Bedeutung der Aufgabe nicht ermessen, die einst allein auf seinen Schultern ruhen sollte, die germanisch-römische Welt, vereinigt in der einen christlichen Kirche, nun auch staatlich zu einem festen Ganzen zusammenzufassen. Aber, er wuchs heran unter den Eindrücken, die das feste Regiment Otto's I. auf die damalige Welt hervorbrachte, und bei zunehmendem, reiferem Alter wird ihn die Lehre und das Beispiel seines Vaters gewiss in dem Gedanken bestärkt haben, dereinst sich seiner grossen Ahnen würdig zu zeigen und den Anforderungen zu genügen, welche seine unvergleichlich hohe Stellung an ihn machte.

Eine Charakteristik Otto's II. lässt sich nur dann in erschöpfender Weise geben, wenn wir das gesammte Leben des Mannes überblickt, wenn wir gesehen haben, wie er in den verschiedenen Verhältnissen des Lebens handelte, in die ihn das Schicksal verwickelt hat. Auch fliessen ja die zeitgenössischen Quellen so überaus spärlich; und es wäre nicht richtig, wollten wir aus den Aufzeichnungen späterer Autoren allein auf die Bedeutung des Königs und Kaisers einen Schluss ziehen. Auch diese widersprechen sich in auffallender Weise, und schon deshalb ist es geboten, zunächst die Tatsachen selbst reden zu lassen[38]).

---

[38]) Die vita Meinwerci, cap. 4 (S. S. XI. 118) meldet: ..... Otto .... monarchiam strenue gubernabat, armis strenuus, fide Catholicus, non minus divinis quam humanis rebus deditus. Während die vita Adal-

In den ersten Jahren nach der feierlichen Salbung Otto's II. in Aachen kann von selbständigen Regierungshandlungen des jungen Königs natürlich noch nicht die Rede sein. Er hatte noch nicht einmal das sechste Jahr vollendet, und ausdrücklich war er der Aufsicht und Erziehung seines Stiefbruders Wilhelm von Mainz anvertraut worden. Eine eigentliche Machtstellung konnte ihm selbstverständlich nicht zukommen, den königlichen Titel aber führte er kraft allen Rechtes, und damit steht im Zusammenhange, dass der äussere Schein einer eigenen Herrschaft vollkommen bewahrt worden ist.

Bevor Otto I. seinen Zug nach Italien antrat, besuchte er noch einmal, und zwar unmittelbar nach den Aachener Tagen, seine Sachsenheimat. In seiner Begleitung werden unter Anderen seine beiden Söhne Otto und Wilhelm gewesen sein, denn, wie wir zuverlässig erfahren, fand erst hier in Sachsen, oder wenigstens bei dem Aufbruche dahin, die Ernennung Wilhelm's zum Erzieher seines unmündigen Bruders Statt, nachdem zuvor die Angelegenheiten des Reiches geordnet waren[36]). Als dann der Vater durch Bayern hindurch seinen Weg nach Italien nahm,

---

berti Pragensis episcopi des Johannes Canaparius cap. 8 (S. S. IV, 584) sagt: . . . adiit Veronam imperatorius apex, scilicet Otto secundus, cui fuit manus in proeliis fortis, in parvo corpore maxima virtus. Augustus melior bono patre et, ut fama meminit, per omnia caesar christianissimus, äussert sich die vita Adalberti post. des Brun von Querfurt cap. 9 u. 10, (S. S. IV., 598 u. 599): . . . . Otto secundus, qui tum loco patris rapidis cruribus montem scandit, sed non dextro omine nec vivo maturaeque sapientiae signo rem publicam rexit . . . . . Später: . . . . (Otto II.) infantilia consilia secutus sententias maiorum proiecit . . . Erat in eo vivida virtus, fervida et effrena iuventus, manus prompta bello, sed raro umquam cum consilio. Multa bona fecit, sed aetas lubrica errare fecit et plura praecipitatione peccavit. Aehnlich der Chronographus Saxo ad annum 974. Eine Charakteristik Ottos II. nach den Ueberlieferungen gibt Giesebrecht in Ranke's Jahrbüchern, II, 1, p. 3—5.

[36]) Den Ort selbst vermögen wir nicht mehr genauer zu bestimmen. Der Cont. Regin. a. a. O. sagt nur: Ordinato vero filio, pater in Saxoniam rediens, dispositis regni negotiis, filium Willehelmo archiepiscopo tuendum et nutriendum commisit.

liess er seinen Sohn in Sachsen zurück⁴⁰), und hier wurde zum ersten Male in des jungen Königs Namen eine Urkunde ausgestellt, datirt vom 24. Juli 961. Das Act. weist nach Wallhausen. Sie bestätigt eine Schenkung der Königin Mathilde an das Servatiuskloster zu Quedlinburg⁴¹). Von nun an schweigen sämmtliche Quellen mit Ausnahme der Urkunden für einige Jahre vollständig über Otto II., und überhaupt treten bei ihnen die deutschen Verhältnisse fast ganz in den Hintergrund⁴²).

Erst im Anfange des Jahres 965 erhalten wir wiederum einige Kunde, als Otto der Grosse, nun nicht mehr nur deutscher König, sondern zugleich auch römischer Kaiser, von seiner Siegesbahn in Italien nach Deutschland zurückkehrte. Ein gewaltiger Umschwung hatte sich während dieser Zeit vollzogen. Nicht nur hatte Otto den aufrührerischen Berengar und dessen Anhang unterworfen und in seine Gewalt gebracht, sondern er hatte auch seinen lange gehegten Wunsch ausgeführt und, vereint mit seiner Gemahlin Adelheid, in der ewigen Stadt aus den Händen des Papstes Johann XII. die römische Kaiserkrone empfangen. Von diesem Augenblicke an beginnt jene verhängnisvolle Verbindung Deutschlands mit Italien, die zwar den geschichtlichen Glanz unseres Volkes gewiss für alle Zeit gehoben hat und doch zugleich der staatlichen Entwickelung Deutschlands die schwersten Wunden schlug. Das deutsche

---

⁴⁰) Liudprand. Hist. Ottonis cap. 2 (S. S. III, 340): Rex . . . . eum (Ottonem II) in Saxonia dereliquit.

⁴¹) St. 547. Böhmer Reg. 404. Als Intervenientin wird uns darin die Königin Mathilde genannt; ausgefertigt ist die Urkunde ad vicem Brunonis archicap. Jm Inhalt stimmt sie fast wörtlich überein mit der Bestätigungsurkunde Otto's I. vom 15ten Juli 961 aus Quedlinburg (St. 290). Ueber drei weitere Urkunden aus Wallhausen s. Exc. 1.

⁴²) Urkundlich ist Otto II. nur in zwei Urkunden aus Sollingen vom 20. und 21. Juli 963 nachweisbar (St. 552 und 553). Zwei weitere Urkunden, beide gleichfalls vom 21. Juli desselben Jahres, die erste mit dem Act. nach Ingelheim, die zweite nach Trier weisend, sind gefälscht. (St. 554 und 555). Im Jahre 964 haben wir eine mit Otto II. zu Dornburg vereinbarte Verbriefung vom 27. Juli. (St. 556).

Volk stand an der Spitze der gesammten abendländischen Welt; aber ebenso wie es diese hohe Stellung nur dem Umstande verdankt, dass sein König von der gewaltigen, idealen Anschauung einer christlich-abendländischen Weltherrschaft erfüllt war, und dass er Kraft genug besass, seinen Willen zur Tat zu machen, ebenso hing die mehr oder minder glückliche Zukunft der deutschen Stämme nicht nur von dem Maasse ab, wie diese Ideen im Volksbewusstsein lebendig blieben und fortwirkten, sondern besonders auch von der persönlichen Bedeutung und Energie des künftigen Herrschers. Der Schwerpunkt der deutschen Politik, von den jedesmaligen Königen bestimmt, lag von nun ab nicht mehr in der nordischen Heimat, sondern er hatte sich nach Süden verlegt. Die Kämpfe, welche zu jener Zeit der grosse Otto mit demselben Papste zu führen hatte, der ihn erst kurz zuvor über die Alpen rief und mit der höchsten weltlichen Würde bekleidete, sollten nur ein schwaches Vorspiel sein für die Jahrhunderte lang fortgesetzten und unermesslich blutigen Fehden, die in späterer Zeit aus den streitenden Ansprüchen des Kaisertums und des Papsttums hervorgingen. Damals freilich konnten nur die Erfolge des Augenblickes in Anschlag gebracht werden, und die gewaltige Erscheinung des deutschen Königs, umgeben von dem blendenden Glanze und der unumschränkten Machtfülle des römischen Kaisertums, war nur zu gut geeignet, jeden zweifelnden Gedanken zurückzuweisen. War doch durch Otto's I. mächtigen Einfluss dem elenden Pontificate Johanns XII. ein Ende gemacht worden und ein neuer Papst, Leo VIII., auf den römischen Stuhl erhoben.

Wahrlich, es konnte keinen glänzenderen Triumph für den Kaiser geben, als den, dass er bei seiner endlichen Rückkehr nach Deutschland den zweiten abgesetzten Papst Benedict gefangen mit sich führte. Die spätere Zeit hat in der Tat andere Auftritte gesehen, aber es wäre verkehrt, wollte man Otto I. dafür verantwortlich machen. Was er vollbrachte, war nicht nur der Ausfluss seiner eigenen Pläne und Vorsätze; ein Kind seiner Zeit hat er seine ganze staunenswerte Kraft daran gesetzt, den Anforderungen zu genügen, die er an sich zu stellen durch die Strömung des damaligen Zeitgeistes gezwungen war. Von Pavia aus, wo er das Weihnachtsfest gefeiert hatte[43]), unternahm Otto I. den Rückzug und traf schon im Januar 965 auf deutschem Boden ein. Freudig zogen ihm seine Söhne entgegen. An der Grenze Frankens und Alamanniens, auf dem Gut Heimesheim (zwischen Stuttgart und Pforzheim) feierten sie gemeinsam ein fröhliches Wiedersehen [44]).

In ihrer Begleitung setzte der Kaiser sodann seinen Weg fort und traf am 2. Februar in Worms mit seinem Bruder Brun zusammen [45]).

Otto II. blieb nun, ebenso wie sein Erzieher, für die nächste Zeit am kaiserlichen Hof, feierte das Osterfest (26 März) in Ingelheim und fuhr darauf mit seinem Vater den Rhein hinunter nach Köln [46]). Hier war es, wo sich noch einmal alle noch lebenden Glieder der königlichen Familie vereinigten. Neben dem Kaiser, dessen Gemahlin und dessen Bruder Brun wird die hochbetagte Königin Mathilde erwähnt, ferner die Königin Gerberga mit ihren beiden Söhnen, dem jungen-König Lothar und dessen Bruder Karl, endlich Wilhelm von Mainz mit seinem Zögling Otto II.[47]).

---

[43]) Cont. Regin. ad annum 965 (S. S. I. 627): Imperator Papiae natalem Domini celebravit.

[44]) Cont. Regin. a. a. O.: Cui (Ottoni I.) filii sui, Otto rex et Wilhelmus archiepiscopus in confinio Franciae et Alamanniae in villa Heimbodesheim occurrerunt.

[45]) Cont. Regin. a. a. O. Inde Wormatiam progressus fratrem suum Brun archiepiscopum in purificatione sanctae Mariae sibi obviam habuit. — Ruotger: vita Brunonis, cap. 41. gibt weder den Ort noch die genaue Zeitbestimmung für dieses Zusammentreffen an.

[46]) Noch einmal im Mai sind der Kaiser und der König in Ingelheim gewesen. Otto II. bestätigt hier am 23. Mai eine an demselben Tage von seinem Vater ausgestellte Schenkungsurkunde für das Kloster St. Remigius in Reims. (St. 557).

[47]) Cont. Regin. a. a. O. Indeque navigio Coloniam attingens (Otto I.) matrem suam, domnam Mathildam, et sororem suam Gerbirgam reginam, filiumque eius regem Lotharium sibi obvios condigno ibi amore et honore

Es wird uns berichtet, wenn auch erst aus späterer Zeit[48]), dass der alte, ehrwürdige Bischof Baldrich von Utrecht über die gesammten Mitglieder der königlichen Familie den kirchlichen Segen ausgesprochen und sich dann speciell beglückwünschend an die greise Königin Mathilde gewendet habe. Noch heute verweilen wir gerne bei dem Bilde. Mathilde hatte die Zeit der wachsenden Macht des deutschen Volkes erlebt. An der Seite ihres Gatten hatte sie gesehen, wie dieser bald mit kräftiger Hand, bald mit klugem Sinne die inneren und äusseren Feinde des Reiches erfolgreich abwehrte; nach seinem Tode war sie Zeugin gewesen, wie ihr Sohn unter drohenden Gefahren das Ansehen des königlichen Namens zu wahren gewusst und dasselbe weit über alle Erwartungen hinaus zu kräftigen verstanden hatte. Jetzt erblickte sie denselben Sohn auf dem Gipfelpunkte der irdischen Macht, geziert mit der römischen Kaiserkrone, in Mitten der Grossen seines Reiches. Und ihm zur Seite stand der Sohn, auch schon geschmückt mit der königlichen Würde, zwar noch ein Kind, aber heranwachsend, um dereinst die weite Macht seines grossen Vaters in seine Hand zu nehmen. In der Tat, hier hatte sich das Geschlecht versammelt, auf dem vorzüglich die Geschicke der abendländischen Welt in letzterer Zeit beruht hatten, auf dem sie auch jetzt noch beruhten und für die nächste Zukunft wenigstens beruhen sollten.

In diesen Tagen wurde in Köln eine stattliche Reichsversammlung gehalten. Der Kaiser wollte nun selbst wieder die Leitung der deutschen Regierungsangelegenheiten übernehmen.

---

tractavit. — Ruotger: vita Brunonis cap. 42: Coloniae . . una cum diva matre, sorore regina, nepotibus, filiisque regibus totaque illa Deo dilecta familia et cunctis regni senatoribus affuerunt. Nur Flodoard erwähnt in seinen Annalen ad annum 965 (S. S. III, 406) ausdrücklich die Anwesenheit Karls, des jüngeren Sohnes der Königin Gerberga. Nach der vita Mathildis post. cap. 21 (S. S. IV, 297) wäre gemeinsam mit der Königin Mathilde auch Heinrich, der Sohn Herzog Heinrichs von Baiern, Bruders des Kaisers, in Köln eingetroffen.

[48]) cf. Vita Mathildis post. cap. 22. (S. S. IV, 297).

So glänzend die Versammlung der Grossen gewesen sein mag, von wichtigen Beschlüssen allgemeinerer Natur erfahren wir Nichts. Für uns erwähnenswert ist nur, dass Otto II. am 2. Juni 965 hier in Köln die Urkunde des Bischofs Everacus von Lüttich über die Stiftung der Kirche St. Martin zu Lüttich mit seinem Vater und dem König Lothar von Frankreich unterzeichnet[49]).

Sehr wahrscheinlich ist, dass Otto II. schon jetzt seinen Vater nach Sachsen begleitet habe; urkundlich nachzuweisen ist es jedoch nicht[50]). Doch ist wol anzunehmen, dass der Kaiser von nun an seinen Sohn in seiner unmittelbaren Nähe behielt Die specielle Aufsicht über den jungen König wird nach wie vor dem Erzbischof Wilhelm überlassen geblieben sein, den wir in der Tat am Hofe anwesend finden[51]).

Hier in Sachsen noch ereilte den Kaiser die traurige Kunde von dem frühen Tode seines getreuen Bruders, des Erzbischofs Brun von Köln. Er starb in der Nacht vom 10. auf den 11.

---

[49]) St. 371. Unterfertigt ist diese Urkunde: Ego Brun, gratia Dei archiepiscopus et primiscrinius recognovi.

[50]) Es ist ein Irrthum Strumpfs, wenn er (in seinen „Reichskanzlern" II, 1, pag. 50) in einer Urkunde Otto's I. aus Magdeburg vom 8. Juli 965 Otto II. als Intervenienten aufführt. Diese Urkunde, welche dem St. Moritzkloster in Magdeburg die Stadt Tuchim schenkt, führt als Intervenienten die Kaiserin Adelheid und den Markgrafen Gero auf und ist nur pro remedio animae nostrae . . . . . . filiique nostri carrissimi Ottonis ausgestellt. Vergl. Jaffé: Dipl. quadr. pag. 12. Auch kann man gegen die Echtheit dieser Urkunde begründete Bedenken hegen, da die Jahre des regnum und des imporium übereinstimmend auf 966 verweisen, in diesem Jahre aber sowol der angegebene Intervenient Gero, als auch der archicappellanus Brun nicht mehr am Leben waren. Cf. St. 378. Man *muss* die Urkunde für unecht erklären, wenn man nicht annehmen will, dass der Text nebst Recognition noch in's Jahr 965 gehören, das Datum aber und die letzte Ausfertigung erst am 8. Juli 966 nachgetragen seien.

[51]) Cf. v. Heinemann: Cod. dipl. Anhalt. 1, p. 34. . . . presente eodem dilectissimo domino meo (Ottone I.) et Willihelmo Moguntino ecclesie archiepiscopo. . . aus einer Urkunde Bischof Bernhards von Halberstadt.

October 965 [52]) in Reims. Es war ein harter Schlag für den Kaiser, dass ihm sein treuester Bundesgenosse so zeitig entrissen wurde. In trüber und froher Zeit hatte Brun ihm fest zur Seite gestanden, dafür aber auch das unbeschränkteste Vertrauen Otto's I. genossen. Die Stellung des Reichskanzlers ging nun vollständig auf Wilhelm von Mainz über. Von dieser Zeit an übt fernerhin der Mainzer Erzbischof unangefochten alle Rechte und Pflichten eines deutschen Erzkanzlers.

Noch bis gegen Ende des Jahres 965 hielt sich der kaiserliche Hof in Sachsen auf; dann wandte sich Otto I. nach dem Westen, wo er längere Zeit zu verweilen gedachte, um die lothringischen Angelegenheiten zu |ordnen. Das Weihnachtsfest feierte er mit seinen beiden Söhnen in Köln [53]). Dann begleitete Otto II. seinen kaiserlichen Vater über Aachen, Maastricht, Nimwegen und Duisburg wiederum nach Sachsen zurück [54]) bis nach Quedlinburg. Bis gegen Ende Juli hat der Aufenthalt in den sächsischen Gegenden gedauert [55]), und hier war es auch, wo die junge, noch nicht zwölfjährige Mathilde, die Schwester Otto's II., nachdem sie zur Aebtissin des Servatiusklosters in Quedlinburg gewählt worden war, in Anwesenheit ihrer Grossmutter, ihrer Eltern und Brüder und in Gegenwart vieler Grossen des Reiches und einer Menge des Volkes unter Assistenz einer

---

[52]) Die ausführlichste Schilderung über die letzten Stunden Bruns gibt Ruotger cap. 45, (S. S. IV, 272); vergl. auch Dümmler: Otto der Grosse, pag. 395 ff.

[53]) Cont. Regin. ad annum 966. (S. S. I, 628): . . . . . imperator Coloniae natalem Domini celebravit cunctaque ibi Lothariensis regni negotia, prout sibi videbatur, disposuit.

[54]) In zwei Urkunden Otto's I., der einen vom 24. Januar 966 aus Maastricht für das Kloster zu Nivelles (St. 396), der anderen vom 1. März 966 aus Duisburg für das Kloster zu Essen (St. 402) erscheint Otto II. als Intervenient. Dasselbe ist der Fall in einer Urkunde Otto's I. vom Februar 966 aus Nimwegen für das Kloster St. Pantaleon in Köln. Doch erregt diese Urkunde wegen des auffälligen „petitione equivoci nostri et coimperatoris" starke Bedenken gegen ihre Echtheit. (St. 401).

[55]) Auch in einer Urkunde Otto's I. zum 23. April 966 aus Quedlinburg ist Otto II. Intervenient. (St. 404.)

grossen Zahl von Erzbischöfen und Bischöfen feierlich eingesegnet wurde[56].

Von nun an hören wir wiederum eine Zeit lang gar Nichts über Otto II., selbst urkundlich können wir die Orte, wo er sich aufgehalten habe, nicht nachweisen. Von Sachsen aus hatte sich sein Vater wiederum dem Rheine zugewendet und in Worms am 15. August eine grosse Reichsversammlung abgehalten[57]. Es handelte sich aufs Neue darum, die deutschen Angelegenheiten einer zuverlässigen Hand anzuvertrauen, denn der Kaiser wollte noch in diesem Jahre wiederum nach Italien aufbrechen. Mannigfache Gründe trieben ihn dazu. Auf Papst Leo VIII. war in Rom mit Bestätigung Otto's I. im Herbste des Jahres 965 Johann XIII. auf dem apostolischen Stuhle gefolgt. Aber ein Teil des römischen Adels und Volkes hatte sich noch in demselben Jahre gegen ihn erhoben. Plötzlich überfallen wurde er in die Verbannung fortgeführt[58]. Mehr aber noch als diese römischen Wirren drängten die Dinge in Nord-Italien. Denn kaum hatte Otto I. im Jahre 964 den Rücken gewandt, so erhob sich in der Lombardei auch sofort eine unzufriedene Partei, welche Adalbert, den Sohn des gefangenen Königs Berengar, ins Land zurückrief. Der Kaiser sandte zwar von Deutschland aus Bur-

[56]) Annalista Saxo ad annum 966. (S. S. VI, 619): Eodem anno, antequam rex iret in Italiam, Machtild, unica filia eius, ... communi consensu cleri et populi religiosissimae congregationis sancti Servatii in abbatissam electa est, et praesentibus patre Ottone, ... et matre Adelheida . . . aviaque sua Machtilda regina nec non rege Ottone, fratre suo, cunctisque optimatibus regionis illius utriusque sexus, non uno, uti moris est, benedicente episcopo, sed cunctis regni archiepiscopis et episcopis in hoc opus collectis, benedicta est. Dieses ist die einzige Notiz, die uns hierüber erhalten ist. Sie stammt vielleicht aus den Quedlinburger Annalen, welche wir für diesen Zeitraum nicht besitzen.

[57]) Cont. Regin. a. a. O. Imperator iterum in Italiam ire disponens, assumptionem sanctae Mariae Wormatiae celebravit, ibique habito cum omnibus regni maioribus concilio, inde per Alsatiam . . . . Italiam intravit.

[58]) cf. Cont. Regin. ad an. 965 u. 966. Benedicti chronicon cap. 39. (S. S. III, 719).

chard, den Herzog von Schwaben, über die Alpen, aber selbst eine starke Niederlage am Po (Juni 965) konnte die Aufständischen nicht entmutigen. Die Umtriebe gegen die deutsche Herrschaft dauerten fort, und nur ein kräftiges Einschreiten gegen dieselben wäre im Stande gewesen, sie ganz zu beseitigen [59]). Das erkannte Otto I., und auch in seinen Augen erschien seine abermalige Anwesenheit in Italien als dringend notwendig. Endlich mochte ihn auch der Wunsch noch leiten, seine Herrschaft nach dem Süden hin mehr zu befestigen und auszubreiten.

Wir erfahren, dass der Kaiser, bevor er seinen Römerzug antrat, auf einer Reichsversammlung in Worms die deutsche Reichsregierung wiederum seinem Sohne, dem Erzbischof Wilhelm von Mainz, übertrug [60]). Dass dieser auch zugleich wieder die Leitung des jungen Königs übernahm, wird nirgends direct erwähnt, scheint aber selbstverständlich, da er sie auch während der Anwesenheit des Vaters gehabt hat; um wie viel mehr nun, da der junge Herrscher einer Bevormundung dringender als bisher bedürftig war.

In Italien ging dem Kaiser Alles aufs Beste von Statten. Adalbert war bei Otto's I. Annäherung entflohen, und auch seine Anhänger wagten nun keinen ernsten Widerstand mehr. Ueberall wurden in der Lombardei die Deutschen als die Herren anerkannt, und schon im December 966 konnte der Kaiser weiter nach dem Süden und gerades Weges gegen Rom ziehen. Auch hier hatte man Alles getan, dem gerechten Zorne des Oberherren zu entgehen und die wolverdiente Strafe möglichst ab-

[59]) Auch über diese Verhältnisse sind wir durch den Cont. Regin. a. a. O. am besten unterrichtet.

[60]) Widukind III, 74 (S. S. III, 465) Eo tempore .... summus pontifex Wilhelmus .... a patre sibi commendatum regebat Francorum imperium. — Thietmar: Chron. II, 12 (S. S. III, 749): Insuper Willehelmus, ... cui cura ab imperatore commissa fuit, Parthenopolim disponendi ceteraque regni necessaria regendi. ... Dass der Reichstag in Worms und zwar im August stattfand, bezeugt der Cont. Regin. 966 (S. S. I. 628): siehe not. 57.

zuwenden. Johann XIII. war aus seiner Verbannung zurückberufen und bei seiner Rückkehr nach Rom vom Volke und den Geistlichen aufs Ehrenvollste aufgenommen worden [61]. Aber als Otto I. dann um Weihnachten die Stadt betreten hatte, hielt er ein strenges Gericht. Die Hauptanstifter des Aufruhres wurden teils getödtet, teils in die Verbannung nach Deutschland geschickt [62]. Endlich wurden auch im Süden Italiens erfreuliche Erfolge erzielt. Nicht nur der Graf Pandulf von Capua, sondern auch Landulf, der Herzog von Benevent, erkannten Otto's I. Oberhoheit an [63]. Befriedigt durfte sich nun der Kaiser dem Norden wieder zuwenden und, nach einem abermaligen kurzen Aufenthalte in Rom, mit dem Papste gemeinsam zu Ravenna eine stattliche Versammlung der Grossen seines Reiches begrüssen. So wichtig auch die Beschlüsse sein mögen, welche hier in Ravenna sowol auf der Synode als auch auf dem Reichstage in völligem Einvernehmen des Kaisers und des Papstes im April 967 gefasst worden sind [64], hier können wir nur in aller Kürze darauf hinweisen, dass Otto I. die Zustimmung des Papstes und aller anwesenden Geistlichen (es waren ihrer mehr als funfzig erschienen) zu der Ausführung seines lange gehegten Lieblingsplanes erreichte, nämlich Magdeburg als ein neues deutsches Erzbistum zu einer kirchlichen Metropole zu erheben, der besonders die Mission für den Osten zufallen sollte [65].

Wichtiger für uns ist eine andere Entschliessung des Kaisers, die, wenn auch vielleicht schon früher gefasst, doch hier in Ravenna erst zur vollen Ausführung gelangte. Sie betraf den jungen König Otto und zielte darauf hin, diesem, der nun bald

---

[61] cf. Cont. Regin. u. Benedicti chron. a. a. O.
[62] Vergl. hierüber bes. Dümmler: Kaiser Otto der Grosse, pag. 412.
[63] Vergl. Dümmler: Kaiser Otto der Grosse, pag. 414 Text und Anm. 3.
[64] Am Ausführlichsten sind sie bei Dümmler: Otto der Grosse, pag. 415 ff. zusammengestellt; vergl. auch Giesebrecht: Geschichte der deutschen Kaiserzeit I⁴, pag. 495 f.
[65] Vergl. die Urkunde im Codex diplom. Sax. reg. II. 1, pag. 3.

sechs Jahre die deutsche Königskrone trug, auch die römische Kaiserwürde zu sichern. Otto I. muss zu diesem Zwecke mit dem Papste in Unterhandlungen getreten sein und diesen vollständig für seinen Plan gewonnen haben. Denn ausdrücklich wird uns überliefert, dass der Papst gemeinsam mit dem Kaiser ein Einladungsschreiben an Otto II. gerichtet habe [66]). Die beabsichtigte Kaiserkrönung wird hier mit keinem Worte erwähnt. Es heisst nur ganz allgemein, Otto möge kommen, um das Weihnachtsfest in Rom zu begehen. Doch dürfen wir wol nicht daran zweifeln, dass die Berufung jenen anderen, weiteren Zweck hatte. Schon die päpstliche Einladung scheint darauf hinzuweisen. Weiter aber kommen dann noch die Berührungen in Betracht, welche in neuerer Zeit wiederum zwischen dem kaiserlich-römischen und byzantinischen Hofe Statt gefunden hatten.

Noch in Ravenna war eine griechische Gesandtschaft eingetroffen, die, ehrenvolle Geschenke bringend, den römischen Kaiser von ihrem Herrn Nicephorus Frieden und Freundschaft anbieten sollte [67]).

Jetzt schien die beste Gelegenheit zu sein, die Interessen beider Kaiserreiche, die sich im Süden Italiens leicht feindlich berühren konnten, dauernd auszugleichen. Otto I. dachte sofort daran, durch das Eingehen einer Familienverbindung die angebotene Freundschaft zu bekräftigen. Er hatte Theophano, die Tochter des am 15. März 963 verstorbenen Kaisers Romanus II., zugleich Stieftochter des jetzt herrschenden Kaisers Nicephorus, zur Gemahlin seines königlichen Sohnes ausersehen. Er mochte hoffen, dass ihr als Mitgift die griechischen Besitzungen in Unter-Italien zufallen würden; dann wäre für die Zukunft jeder

---

[66]) Cont. Regin. ad annum 967 (S. S. I, 629): Interim papa Johannes et imperator regi Ottoni litteras invitatorias miserunt et, ut cum ipsis natalem Domini Romae celebrandum festinaret, iusserunt.
[67]) Cont. Regin. a. a. O. Domno imperatore in Italia commorante, legati Nichophori, Graecorum imperatoris, Ravennae ad eum venerunt honorifica secum munera ferentes et pacem ab eo vel amicitiam poscentes.

rechtliche Grund zu Streitigkeiten wegen derselben entfernt worden. Weiter hätte er, mit den griechischen Streitkräften vereint, einen erfolgreichen Vernichtungskrieg gegen die Araber unternehmen können, die noch immer von ihren festen Sitzen aus[68]) verheerende Streifzüge gegen Norden hin ausführten. Wollte er aber einmal eine solche nähere Verbindung anbahnen, wie viel verlockender würde sie für den griechischen Kaiser sein, wenn auch der junge Otto ihm schon im vollsten Glanz des kaiserlichen Namens und dessen Machtfülle entgegenträte! Wir sehen, auch deshalb schon musste eine schnelle Krönung nur um so erwünschter sein. Die byzantinischen Gesandten wurden nicht nur aufs Ehrenvollste aufgenommen, sondern Otto 1. sandte auch seinerseits eine Botschaft und liess durch sie sogleich die von ihm gewünschte Heiratsverbindung in Constantinopel in Anregung bringen[69]).

Zugleich mit dem Einladungsschreiben an seinen Sohn hatte der Kaiser Boten an den Erzbischof Wilhelm von Mainz und an andere Grossen seines Reiches gesandt, damit diese den jungen Otto zu seiner Romfahrt in würdiger und königlicher Weise ausrüsten sollten[70]). Wir wissen nicht, wo der Wille des Kaisers den Seinigen in Deutschland bekannt wurde, wol aber erfahren wir, dass sofort zur Erfüllung desselben geschritten wurde. Jedenfalls hängt damit ein Reichstag zusammen, der in

---

[68]) Sicilien war in ihrer Gewalt. Ausserdem besassen sie in der Provence noch die feste Burg Fraxinetum (Garde-Frainet).

[69]) Cont Regin. a. a. O.: Quibus (legatis) honorabiliter susceptis decenterque remissis, domnus imperator nuntium suum eidem Graecorum imperatori pro coniungenda in matrimonium suo filio, regi Ottoni, privigna ipsius Nichofori, filia scilicet Romani imperatoris, Constantinopolim dirigit.

[70]) Ann. Hildesheimenses ad annum 967. (S S. III, 62): Hoc anno transmisit imperator legatos suos ad Willihelmum archiepiscopum et ad alios principes eius, ut Ottonem . . . . cum omni regali dignitate proveherent ad Italiam. Der Umstand, dass Erzbischof Wilhelm von Mainz hier besonders namentlich aufgeführt ist, kann als ein Beweis mehr dafür gelten, dass in seiner Hand hauptsächlich die Reichsverweserschaft und die specielle Aufsicht über den jungen König lag.

Worms Statt hatte, der erste, den der junge Otto nach seiner Königskrönung einberief, von dem wir aber Nichts weiter vernehmen, als die ganz allgemeine Tatsache, es habe sich hier um die Ordnung der Reichsangelegenheiten gehandelt und Otto II. habe zahlreiche Beweise seiner künftigen Klugheit und Gnade gegeben[71]). Der Reichstag muss jedenfalls am Anfange des Juni gehalten sein, denn am Johannistage finden wir den König schon wieder in Frankfurt[72]); wo er auch noch am 29. Juni, dem Tage der Apostel Peter und Paul, verweilte. Von da kehrte er noch einmal nach Sachsen zurück, um dort die Vorbereitungen zu seiner Reise zu beschleunigen. Eine kurze Krankheit des Erzbischofs Wilhelm brachte keine wesentliche Verzögerung mit sich, und so konnte Otto II. bereits im Spätsommer aufbrechen. Er traf gegen Ende September in Augsburg ein, feierte hier am 29. September den Michaelistag und setzte dann mit gebührendem Gefolge seine Reise über den Brennerpass fort[73]). Ueber Brixen, wohin eine Urkunde für

---

[71]) Cont. Regin. ad annum 967. Tunc rex pro disponendis regni uegotiis ante suum in Italiam iter Wormatiam venit ibique in primo suo placitu, Deo propitio, plurima futurae prudentiae simul et clementiae suae indicia praemonstravit. Der Ausdruck „futurae prudentiae" liesse vielleicht darauf schliessen, dass der Cont. Regin. seine Aufzeichnungen später, nicht gleichzeitig gemacht habe. Doch spricht der Character des Werkes sonst durchaus für eine den berichteten Tatsachen gleichzeitige Abfassung wenigstens vom Jahre 960 an; vergl. Giesebrecht: Geschichte der deutschen Kaiserzeit I⁴, pag. 778 und Wattenbach: Deutschlands Geschichtsquellen I⁸ pag. 269.

[72]) Cont. Regin. a. a. O.: Sicque nativitate Praecursoris et apostolorum festivitate Franconofurd celebrata, iter suum acceleraturus in Saxoniam remeavit.

[73]) Urkundlich lassen sich bis in die Mitte des October 967 hinein die Aufenthaltsorte Otto's II. nicht belegen. Wir sind hier auf andere Quellen angewiesen. Cont. Regin. a. a. O.: Tunc domnus archiepiscopus Willihelmus aliquantula infirmitate detentus in brevi . . . convaluit . . . Eodem anno intrante Septembri mense Otto rex Romam iturus decenti se comitatu egressus memoriam sancti Michaelis in Augusta civitate celebravit. — Thietmar berichtet in seiner Chronik II, cap. 20 (S. S. III, 755) Otto II. sei comitante Willehelmo nach Rom gekommen, doch ist

den dortigen Bischof Rigbert, datirt vom 15. October 967 weist, traf er noch im October in Verona ein[74]). Bis hierher war ihm sein Vater entgegengekommen, und hier feierten Beide ein fröhliches Wiedersehen. Am 29. October hielten Vater und Sohn gemeinsam eine Reichsversammlung vor den Toren der Stadt ab, auf welcher auch Otto II. seine formelle Zustimmung zu dem neuen Gesetze gab, nach dem an Stelle des Eides als rechtsgültiges Beweismittel bei Besitzstreitigkeiten das Gottesurteil des Zweikampfes gesetzt wurde. Den Tag aller Heiligen (1. November) brachten die Könige noch in Verona zu, dann eilten sie nach Mantua und von dort zu Schiff nach Ravenna. Nach kurzem Aufenthalte daselbst zogen sie weiter und langten schon am 21. December vor Rom an. Bis zum dritten Meilenstein vor der Stadt kam ihnen eine grosse Zahl der Angesehenen Roms unter Lobgesängen mit Kränzen und Fahnen entgegen. Auf den Stufen der Peterskirche erwartete sie der Papst, empfing sie ehrerbietig und am 25. December krönte er den jungen Otto vor dem Altar des heiligen Petrus unter lauten Zurufen des römischen Volkes zum Caesar und Augustus. Nicht geringe

das wol nur so zu verstehen, dass Wilhelm seinem Bruder durch Deutschland das Geleit gegeben habe. Denn in demselben Buche seiner Chronik cap. 12 erzählt Thietmar (S. S. III, 749), Wilhelm sei in Rottleberode gestorben. (März 2, 968). Nach der vita Mathildis post. cap. 24. (S. S. IV. 300) wissen wir ferner, dass Wilhelm vorher die sterbende Königin Mathilde in Quedlinburg besucht habe. Wilhelm kann füglich nicht nach Italien gegangen sein. Durch eine Urkunde vom 15. October 967 aber wissen wir, dass Bischof Theoderich von Metz und der Graf Huoto, der Lehrer des Königs, in Otto's Begleitung waren.

[74]) Die erste Urkunde Otto's II. von hier ist vom 25. October datirt für Weissenburg, die zweite und letzte vom 27. October für Hamburg. Vergl. Monum. Boica 31 a pag. 202 und Lappenberg: Hamburgisches Urkundenbuch I, 49. (St. 561 u. 562). Die Urkun2e für den Bischof von Brixen ist gedruckt Monum. Boica XXVIII b; pag. 190. (St. 560). Gegen die Echtheit der Urkunde vom 25. October aus Verona lassen sich manche Bedenken erheben. Vergl. Dümmler: Kaiser Otto der Grosse, pag. 424 Anm. I, und unten Excurs 1.

Freude herrschte bei den anwesenden Römern und Deutschen über die Einigkeit der beiden Kaiser und des Papstes[75]).

Nach der Zeit der früheren Kaiser aus dem karolingischen Hause war Otto II. der einzige deutsche König, der noch zu Lebzeiten seines Vaters die kaiserliche Würde empfing. Es ist später das Gleiche nie wieder eingetreten. War es einst das besondere Streben Otto's I. gewesen, die Leitung des deutschen Reiches seinem Geschlechte zu erhalten, und hatten seine Bemühungen in der Beziehung den besten Erfolg gehabt, so waren seitdem seine Absichten weitgehender geworden. Die Stellung des deutschen Königs hatte durch Otto's I. rastloses Bemühen im Abendlande eine mehr universale Bedeutung gewonnen. Er nahm unter den weltlichen Herrschern seiner Zeit

---

[75]) So lautet der ausführlichste Bericht über die Reise der beiden Ottonen nach Rom und über die Kaiserkrönung Otto's II. bei dem Annalista Saxo ad annum 967. (S. S. VI, 620). Indeque (von Augsburg) progressus per Trientinam vallem Verone patri suo occurrit (Otto II) Celebrata vero ibi sanctorum omnium festivitate per Mantuam indeque navigio Ravennam digressi, actis ibi aliquot diebus, Romam tendentes 12 Kal. Jan. pervenerunt et tercio ab urbe miliario maximam senatorum multitudinem cum crucibus et signis et laudibus obviam habuerunt. Domnus autem papa in gradibus beati Petri resedens eos honorifice suscepit et sequenti die Ottonem regem acclamatione tocius Romanae plebis ante confessionem beati Petri caesarem et augustum ordinavit, factaque est non modica nostratium et Romanorum letitia de iocundissima duorum augustorum cum domno papa conventione. Wenn, wie ich glaube, Widukind's Nachricht III, cap. 70 (S. S. III, 465) Glauben zu schenken ist, der Otto I. an die sächsischen Fürsten schreiben lässt: Filius noster in nativitate Domini coronam a beato apostolico in imperii dignitatem suscepit, so ist der Annalista Saxo in seiner Angabe des 12 Kal. Jan. und des sequenti die nicht ganz genau. Die Ankunft in Rom muss am 24. December erfolgt sein. Zu einer Unterscheidung des Tages der Ankunft vor Rom und des Tages des Einzugs in die Stadt, wie Dümmler: Kaiser Otto der Grosse pag. 429 Anm. 3 angibt, berechtigt die Ueberlieferung nicht. Nimmt man aber diese Unterscheidung doch an, da es ja Sitte war, dass der zu krönende König eine Nacht vor Rom zubrachte, so ist auch dann noch nicht die Zeitangabe des Annalista Saxo mit der des Widukind zu vereinigen.

unbestritten den ersten Rang ein. Als römischem Kaiser fiel ihm nun noch die Pflicht zu, wo er es irgend vermochte, der Kirche schützend und ausbreitend seinen Arm zu leihen. Und auch diese Stellung hatte er für die nächste Zeit wenigstens seinem Hause zu sichern verstanden. Dass zwischen dem Kaiser und dem Papste bei dieser Gelegenheit eine ungetrübte Einmütigkeit bestand, das durfte wol die schönsten Hoffnungen für eine glückliche Zukunft erwecken. Auch jetzt, da das gewaltige Erbe der ersten Herrschaft im Abendlande dem jungen Otto sicher gestellt war, hatte dieser noch nicht das Alter der vollen Mündigkeit erreicht; aber es war doch vorauszusehen, dass er nun bald einen selbständigeren Anteil an der Regierung nehmen würde [76].

Nicht einmal auf jenem Reichstage zu Worms im Jahre 967 wird Otto II. eigenmächtige Massregeln ergriffen haben. Fast immer war Erzbischof Wilhelm in unmittelbarer Nähe des Königs geblieben; seinem Rate werden daher die Entschliessungen zuzuschreiben sein, welche die künftige Klugheit und Gnade des Herrschers angedeutet haben sollen. Aber Otto II. war einmal nach allen Gebräuchen feierlich zum deutschen König erhoben worden, und dass er fortan als solcher auch in officiellen Actenstücken erwähnt wurde, das beweist zum ersten Male eine Urkunde Otto's des Grossen, die vom 29. Juli 961, also eben zwei Monate nach der Aachener Königskrönung, datirt ist. Hier wird Otto II. bereits König genannt [77].

---

[76] Eine etwas spätere Quelle, Sigebert von Gembloux, spricht direct aus, Otto I. habe seinen Sohn zum Mitkaiser erheben lassen, damit er selbst sein ferneres Leben ruhiger hinbringen könne, nachdem Otto II. einen Teil der Regierungsgeschäfte übernommen habe. Vita Deodorici cap. 13 (S. S. IV. 470): Otto imperator filium suum .... iam dudum Aquisgrani unctum in regem fecit sibi concreari imperatorem, ut, delegatis ei secundis imperii partibus, ipse indulgens senectuti quod supercrat aevi ageret tranquillius. Ein derartiges Motiv zur Kaiserkrönung Otto's II. ist jedoch in gleichzeitigen Quellenschriften nicht gegeben.

[77] St. 294; vergl. Jaffé: Dipl. quadr. Nr. 7, pag. 8! .... pro incolumitate ... dilecti filii Ottonis, iam primo anno regis.

Fassen wir den bis jetzt betrachteten Zeitraum zusammen und suchen wir, uns ein Resultat zu gewinnen über die Stellung des Sohnes als des Mitkönigs seines Vaters, so kann dasselbe nicht anders lauten, als dass für Otto II. nur die äussere Form einer selbständigen Mitregentschaft aufrecht erhalten worden ist. Am besten orientiren hierüber die uns erhaltenen Urkunden. Es sind deren nur acht auf uns gekommen [78]), an deren Echtheit nicht gezweifelt werden kann. Dem Inhalte nach geben fünf derselben nur Bestätigungen von Privilegien, die bereits in früherer Zeit durch Otto I. erteilt worden waren [79]), eine weitere Urkunde erkennt die Bestimmungen früherer Herrscher für das Erzbistum Hamburg an [80]). Nur in zwei Urkunden scheinen selbständige Verfügungen getroffen zu sein, indem die eine dem Kloster zu Nordhausen Markt-, Zoll- und Münzrecht verleiht, die andere den Kanonikern von St. Wigbert in der Vorstadt Quedlinburgs freie Abtswahl gestattet [81]). In letzterer erscheint die Königin Mathilde als Intervenientin. Ihr Einfluss wird besonders massgebend gewesen sein [82]).

Auch in der Form der Ausstellung der Urkunden lassen sich Belege dafür finden, wie wenig selbständig Otto II. bei wichtigen Regierungsgeschäften vorgegangen ist. So ist z. B. die Bestätigung der Schenkung des Ortes Hilwartshausen und die Bestätigung der Privilegien für das Kloster St. Maximin aus-

---

[78]) Sieben weitere Urkunden regen mehr oder minder grossen Zweifel an ihrer Echtheit an, können daher hier nicht in Betracht gezogen werden. Am Vollständigsten sind die Urkunden Otto's II. aus dieser Zeit angeführt bei Stumpf: Die deutschen Reichskanzler II, 1, Nr. 547 bis 562. Vergl. auch Excurs 1.

[79]) In der Urkunde vom 24. Juli 961 (St. 517) vergl Urk. Otto's I. vom 15. Juli 961, St. 290); in den Urkunden vom 20. und 21. Juli 963, St. 552 und 553, ferner vom 23. Mai 965 und vom 15. October 967, St. 557 u. 560.

[80]) St. 562, datirt vom 27. Oct. 967 aus Verona.

[81]) Urkunden von 962 und vom 27. Juli 964, St. 551 und 556.

[82]) Vergl. Janicke: Urkundenbuch der Stadt Quedlinburg I, pag. 5
... per interventum domnae Mathildis reginae, nostrae videlicet aviae ...

drücklich auf Rat des Erzbischofs Wilhelm von Mainz, des damaligen Reichsverwesers, geschehen [83]). Am deutlichsten aber redet die Urkunde vom 27. October 967 aus Verona. Hier heisst es, Otto II. habe bei der Frage nach der Bestätigung der Freibriefe für die Hamburger Kirche seinen Vater um Rat gefragt; dieser aber habe die Bestätigung nicht nur angeraten, sondern geradezu befohlen [84]). Wir sehen, wie abhängig der junge König in diesen formell selbständigen Hoheitsrechten war.

Diejenigen Urkunden aber, welche schon in der Periode bis zur Kaiserkrönung Otto's II. im Namen beider Herrscher ausgestellt sind, geben das unzweideutigste Zeugnis dafür ab, dass die äussere Form der vollen Mitregentschaft Otto's II. immer zum Ausdruck gebracht wurde. Als nämlich im Jahre 965 der Kaiser, aus Italien zurückgekehrt, in Köln den grossen Reichstag hielt, und es sich hier um die Sanctionirung einer Urkunde des Lütticher Bischofs Everacus über die Stiftung der Collegiatkirche St. Martin in Lüttich handelte, finden wir neben dem Namen Otto's I. auch den seines Sohnes in dem Actenstücke unterzeichnet. Auch König Lothar von Westfranken hat bei dieser Gelegenheit seine Unterschrift gegeben. Und als, wie schon erwähnt, der Kaiser am 29. October 967 in Verona das berühmte Gesetz für die Lombardei erliess, welches bei Besitzstreitigkeiten an Stelle des oft misbrauchten Eides das Gottesurteil des Zweikampfes gebietet, heisst es ausdrücklich, auch Otto II. habe dieses fest bestimmt [85]). Wo es auf allgemein wichtige Reichsangelegenheiten abgesehen war, wie hier auf die

---

[83]) St. 552 u. 553. Vergl. Origines Guelficae V, pag. 6 und Beyer: Mittelrheinisches Urkundenbuch I, pag. 274. Beide Mal heisst es: . . . cum consilio fratris nostri . . .

[84]) St. 562. Vergl. Lappenberg: Hamburgisches Urkundenbuch I, pag. 49: Pii genitoris nostri, Ottonis scilicet imperatoris, consilium, quid inde nobis faciendum esset, investigavimus; ipse vero non solum consilium dabat, verum etiam, ut ita ageremus, praecipiebat.

[85]) Vergl. Mon. Germ. hist., Legg. II, pag. 32: . . . instituit domnus Otto glor. imp. et item Otto filius eius gloriosus rex.

Einführung eines neuen Gesetzes für ein gewisses Gebiet des Reiches, da hat auch der künftig selbständige Herrscher seinen Namen unter die bezüglichen Urkunden gesetzt. Anzuführen bleibt hier nun noch die angebliche Bestätigungsurkunde der Schenkungen Pippins und Karl's des Grossen an St. Peter in Rom durch Otto I. vom 13. Februar 962. Wenn, wie es Ficker neuerdings glaubhaft gemacht hat, in dem angeblichen Originale dieser Urkunde neben einzelnen Fälschungen „ein grosser Teil" des Inhaltes „geradezu auf echte Vorlagen zurückgeht, vieles Andere durch anderweitige Nachrichten unterstützt wird,"[86]) so ist auch daran festzuhalten, dass auch im echten Originale im Namen beider Herrscher die Bestätigung Statt fand[87]). Der deutsche König machte dem römischen Papste hier wichtige Zugeständnisse; es scheint mir zweifellos, dass er sie auch für seinen schon erwählten Nachfolger gegeben haben wird.

Auch auf die Kanzleipersonen, welche in den Urkunden Otto's II. erscheinen, ist hier Rücksicht zu nehmen. Nur während des Aufenthaltes seines Vaters in Italien während der Jahre 961 bis 965 finden wir in Otto's II. Actenstücken einen anderen Erzkanzler angegeben, als denjenigen, der auch für Otto I. signirte, nämlich an Stelle Bruns von Köln den Erzbischof Wilhelm von Mainz. Eine besondere Kanzlei Otto's II. dürfen wir jedoch deshalb auf keinen Fall annehman. Denn für die frühere Zeit lässt es sich überhaupt nachweisen, dass in einer und derselben Periode mehrere Erzbischöfe zugleich als Erzkanzler des

---

[86]) Vergl. Ficker: Forschungen zur Reichs- und Rechtsgeschichte Italiens II, pag. 357 ff. Die Ergebnisse seiner Untersuchungen hat er ebendaselbst, pag. 366 zusammengestellt. Schon früher hatte Waitz die Ansicht aufgestellt, diese Urkunde sei zwar in der Gestalt, wie sie uns jetzt vorliege, gefälscht, ein echtes Exemplar aber habe derselben zu Grunde gelegen. Vergl. Waitz im Excurs 9b zu Ranke's Jahrbüchern I. 3, pag. 207 ff. Abgedruckt ist diese Urkunde nach dem angeblichen Original in den Mon. Germ. hist., Legg. II², pag. 164.

[87]) Der vorhandene Text lautet: Ego Otto, Dei gratia imperator augustus una cum Ottone glorioso rege, filio nostro . . . .

Reiches fungirten [88]). Auch hier wird wiederum die Stellung Wilhelms als des Erziehers des jungen Königs massgebend gewesen sein. Nach der Rückkehr Otto's I. aus Italien bis zum Tode Bruns, den 10./11. October 965 ist in der einzigen aus dieser Zeit erhaltenen Urkunde Otto's II. vom 23. Mai 965 Brun als Erzkanzler aufgeführt. Erst nach dessen Ableben treten die Erzbischöfe von Mainz dauernd als Erzkanzler für Deutschland auf. Die cancellarii für Deutschland und Italien sind für Vater und Sohn immer dieselben geblieben.

Als Otto II. in Rom am Weihnachtsfeste des Jahres 967 die römische Kaiserkrone empfing, da war noch nicht ein volles Jahrhundert verflossen, seitdem das ost-fränkische Reich hatte erfahren müssen, wie trübe und verderblich es sei, wenn ein Kind den königlichen Namen führe, wenn unter dessen Ratgebern freche Willkür herrsche, Jeder seine eigenen Pläne verfolge, nur auf seinen eigenen Vorteil bedacht sei, und wenn dabei der ganze Organismus des Reiches in die heilloseste Verwirrung gerate. Jetzt aber war durch die grundlegende Tätigkeit König Heinrich's I. und durch die durchgreifende Kraft Otto's I. Ordnung und Recht, Gesetz und Regel im Reiche zurückgekehrt. Unbewusst für Otto II. hatten sich mit den Aufgaben seines Vaters auch die seinigen erweitert. Es war nun notwendig, ihn gründlich in dieselben einzuführen; und da ist es gewiss von der weittragendsten Bedeutung gewesen, dass es Otto II. gerade damals, als seine Jahre ihm eine freiere Entwickelung gestatteten, vergönnt war, in Italien die schwere Kunst des Regierens kennen zu lernen in unmittelbarster Vereinigung mit dem Manne, der wie kein anderer seiner Zeit dazu berufen schien, die Tendenzen seines Jahrhunderts, welche auf eine universale, christliche Weltmacht drängten, in seiner Persönlichkeit zum Ausdruck zu bringen.

---

[88]) So finden wir z. B., dass in den Jahren 937 bis 953 Urkunden im Namen der Erzbischöfe von Mainz, Trier, Köln und Salzburg ausgestellt sind. Vergl. Stumpf, Reichskanzler II, 1, pag. 8 und Waitz: Deutsche Verfassungsgeschichte VI, pag. 285.

Nach der Kaiserkrönung Otto's II. im December 967 verweilten beide Herrscher noch einige Zeit in Rom. Eine Synode, die besonders von italienischen Geistlichen besucht war [89]), tagte daselbst in der Peterskirche bis in die ersten Tage des Januar hinein [90]). Mehrere Bestimmungen auf derselben, die uns bekannt geworden sind, beziehen sich auf die kirchlichen Verhältnisse Deutschlands. Die beiden Ottonen waren dabei anwesend. Auf ihre Fürbitte wurden dem Kloster Gandersheim die alten Rechte und Besitzungen bestätigt [91]). Ferner wurde durch den Papst Johann XIII. mit Unterzeichnung beider Kaiser dem Kloster Hersfeld freie Abtswahl, Unmittelbarkeit unter dem päpstlichen Stuhle und die Unverletzbarkeit seines Güterbesitzes bestätigt, dem Kloster St. Maximin bei Trier aber die Immunität und der Königsschutz [92]). Die wichtigste Verfügung jedoch, welche hier getroffen wurde, ist die endgültige Genehmigung

[89]) Darunter befand sich der Patriarch von Aglei und der Erzbischof von Ravenna. Von deutschen Bischöfen waren zugegen die von Minden. Speier, Verdun und Metz. Vergl. Stumpf: Acta imperii inedita, p. 16 und Gersdorf: Cod. dipl. Sax. reg. II, 1 pag. 5 f.

[90]) Dass die Synode bereits im December 967 zusammengetreten sein muss, geht aus der Bulle Johanns XIII. hervor, durch welche er der Aebtissin von Gandersheim die Rechte und Besitzungen des Klosters bestätigt. Es heisst hier: ... in sinodo que apud corpus beati Petri apostolorum principis acta est in mense Decembris. Die Bulle selbst (Jaffé 2852, St. 439) ist vom 1. Januar 968 datirt. Alle anderen Bestimmungen des Papstes auf dieser Synode sind vom 2. Januar.

[91]) Otto maior et minor imp. paternitatem nostram obsecrare dignati sunt, heisst es in der betreffenden Bulle Johanns XIII. Die Anwesenheit beider Kaiser wird ferner bestätigt durch die päpstliche Bulle zu Gunsten Hersfelds, vergl. Stumpf: Act. imp. ined., pag. 16: Habita igitur sinodo et multorum venerabilium patrum coepiscoporumque conventu Romae in ecclesia beati Petri principis apostolorum, *assedentibus augustissimis imperatoribus Ottonum utrisque*. . . Ebenso heisst es in der Bulle für Meissen (Gersdorf: Cod. dipl. Sax. reg. II, 1, pag. 5.) und in der für das Kloster St. Maximin. (Beyer: Mittelrhein. Urkdbuch. I, pag. 287.)

[92]) Die Bulle für Hersfeld ist von 39 Bischöfen unterfertigt worden, die für St. Maximin nur von elf, doch heisst es hier: consedentibus ... aliis compluribus, scil. episcopis.

der Stiftung eines neuen Bistums in Meissen. Der Papst gewährte sie, den Wünschen Otto's I. vollkommen entsprechend. Die bezügliche Bulle ist von 39 anwesenden Bischöfen unterzeichnet.[93]).

Als Otto der Grosse noch im Laufe der ersten Hälfte des Januar 968 mit seiner Gemahlin und seinem Sohne von Rom aus nach dem Süden aufbrach, war es sein Wunsch, nachdem er das eine Ziel, die Kaiserkrönung des jungen Königs, erreicht hatte, nun auch das andere, die Ordnung der Angelegenheiten im unteren Italien zu Ende zu führen. Es handelte sich vorzüglich darum, mit den Griechen eine feste Vereinbarung zu treffen, und aufs Neue trat hier der Plan in den Vordergrund, Otto II. mit Theophano, der griechischen Kaisertochter, zu vermählen. Die Unterhandlungen im vorigen Jahre waren fruchtlos geblieben; nur mit Mühe war es dem Führer der Gesandtschaft, dem Venetianer Dominicus, gelungen, den schon auf einem Zuge nach Italien begriffenen Nicephorus von einem augenblicklichen Kriege zurückzuhalten [94]). Er hatte es nur dadurch zu erreichen vermocht, dass er dem griechischen Kaiser eidlich die Versicherung gab, Otto I. werde die Besitzungen des byzantinischen Reiches nicht mit Waffengewalt angreifen [95]). Seine Absicht hatte er zwar erreicht. Der drohende Krieg war abgewendet worden, aber nur dadurch, dass der Gesandte die Vorschriften des römischen Kaisers überschritten hatte [96]). Die Basis

---

[93]) Gersdorf: Cod. dipl. Sax. reg. II, 1, pag. 5 f. Die Bulle gibt die Jahre des Imperiums beider Kreise an: ... anno .... imperii (Ottonis) maioris sexto, minoris primo. Der Inhalt dieser wichtigen Bulle ist von späteren Einschiebseln nicht frei geblieben und deshalb nicht zuverlässig. Vergl. Dümmler: Kaiser Otto der Gross., pag. 432, Anm. 3. — Jaffé: Reg. Pont. No. 2854. St. 441,

[94]) Liudprand: legatio, cap. 31. (S. S. III, 354): Obviavitque nobis (Nicephoro) in Macedonia Dominicus Venedicus, nuntius suus (Ottonis I.) qui multo labore et sudore nos, ut reverteremur, delusit.

[95]) Liudprand a. a. O.

[96]) Liudprand, legatio cap. 26 (S. S. III, 352): Sed praeteriti nuntii praeter iussionem domini mei promiserunt, iuraverunt, conscripserunt.

für neue Unterhandlungen war dennoch gewonnen, ja, für dieses Mal ergriff der griechische Hof sogar die Initiative.

Nicht lange nach der Rückkehr des Dominikus nach Italien, die noch vor Weihnachten des Jahres 967 erfolgte [97]), trafen schon im Januar 968 in Capua von Constantinopel aus Gesandte bei Otto I. ein, Männer von ausgezeichnetem Ansehen, die gekommen waren, um wo möglich den Frieden zwischen den beiden Kaiserreichen zu befestigen [98]). Schweigen auch alle Quellen über die näheren Anerbietungen derselben, und erfahren wir auch nichts Bestimmtes über den Bescheid, den Otto I. ihnen gab, so ist doch mit Sicherheit anzunehmen, dass auch sie wiederum den früheren Vorschlag auf eine verwandtschaftliche Annäherung beider Kaiserhöfe nach Byzanz übermitteln sollten. Die Pläne Otto's I. liegen uns deutlich vor. Gerade deshalb ist der von ihm am 18. Januar 968 von der Nähe Capuas aus an die sächsischen Fürsten gerichtete Brief von so grosser Bedeutung für uns, weil er uns die ganze Tragweite der Absichten des grossen Kaisers vor Augen führt. Apulien und Calabrien sollten auf keinen Fall in Abhängigkeit von den Griechen verbleiben, wenn nicht eine Vereinbarung zu Stande käme. Sei aber eine solche erzielt und im folgenden Sommer Theophano Otto II. als Gattin zugeführt, dann wollten die beiden Kaiserreiche gemeinsam einen grossen Vernichtungskampf gegen die Saracenen beginnen [99]). Weitgehende Pläne, welche darauf hin-

Vergl. über die Gesandtschaft des Dominicus Giesebrecht: Geschichte der deutschen Kaiserzeit I⁴, 519.

[97]) Cont. Regin. ad annum 967. (S. S. I, 629): . . . iterum eodem anno ante natalem domini ad imperatorem revertitur.

[98]) Widukind III, 70. (S. S. III, 464) . . . nuntii Constantinopolitani regis, dignitate satis insignes. nos adeunt, pacem, ut intelleximus, admodum quaerentes. Der Brief, in welchem Otto I. dieses den sächsischen Fürsten mitteilt, ist vom 18. Januar aus der Nähe Capuas datirt.

[99]) Widukind a. a. O.: Apuliam et Calabriam . . . . nisi conveniamus, dabunt; si vero voluntati nostrae paruerint, ut praesenti aestate coniugem cum aequivoco nostro in Franciam dirigentes, per Fraxanetum ad destruendos Sarracenos, Deo comite, iter irripiemus, et sic ad vos, disponimus.

ausliefen, die unbedingte Autorität des römischen Kaisers und der christlichen Religion in Italien aufrecht zu erhalten. Freilich hing noch Alles davon ab, ob man in Constantinopel gewillt sein werde, auf den Vorschlag der Heirat einzugehen und die italienische Mitgift zuzugestehen. Otto I. wartete die Antwort des griechischen Kaisers nicht ab. In dem festen Glauben, man würde nicht wagen, ihn anzugreifen[100]), rückte er über Benevent, wo er noch am 16. Februar dem Kloster zu Hersfeld die Privilegien bestätigte, in Apulien ein. Vielleicht war es seine Absicht, diese Landschaft in Besitz zu nehmen, um seinen Forderungen in Byzanz dadurch grösseren Nachdruck zu geben. Jedenfalls hat dieser Schritt den Zorn des Nicephorus nicht wenig gereizt. Mit einem Heere, das aus Deutschen und Italienern zusammengesetzt war, drang Otto unaufgehalten bis nach Bari, der Hauptstadt des Landes, vor, belagerte den Ort, musste sich aber bald, vorzüglich wol aus Mangel an einer Flotte[101]), zurückziehen, ohne einen wesentlichen Erfolg erlangt zu haben. Erst darauf hielt er es auf Rat des Bischofs Liudprand von Cremona für das Gebotenste, durch Gesandte seinerseits directe Unterhandlungen mit Constantinopel wieder aufzunehmen. Mit der Führung der Gesandtschaft wurde Liudprand selbst betraut, der die Aufträge seines Herrn schriftlich überbringen sollte[102]), damit nicht noch einmal wie früher die Vollmacht überschritten würde. Welcher Art die Vorschläge gewesen, wissen wir nicht genau; es heisst nur allgemein: Otto I. werde, falls Nicephorus in die beabsichtigte Familienverbindung willige, bestimmte Zugeständnisse machen. Der beste Beleg,

---

[100]) Widukind a. a. O.: . . . . bello nullo modo nos temptare audebunt.
[101]) Liudprand: legatio cap. 11 (S. S. III, 349): Nec est in mari domino tuo (Ottoni I.) classium numerus. Genaueres über diesen Zug Ottos I. finden wir bei Liudprand in seiner legatio in den Kapiteln 7, 9, 11, 57, ferner in dem Chronicon Salernitanum cap. 170 (S. S. III, 554).
[102]) Liudprand, cap. 26 (S. S. III, 352): . . . dominus meus . . . . ne terminos, quos constituit mihi, transcenderem . . . praeceptum conscripsit, quod et sigillo signavit suo.

wie ernst man es mit der beantragten Freundschaft meine, sei, dass Apulien, nachdem es schon erobert worden sei, nun wieder von dem römischen Kaiser verlassen wäre [103]). Liudprand reiste alsbald ab und langte am 4. Juni 968 in Constantinopel an. Inzwischen zog sich der Kaiser wieder nach Norden zurück.

Otto II hat sich während dieser ganzen Zeit unmittelbar in der Nähe seines Vaters aufgehalten. Dafür spricht eine Urkunde, datirt vom 16. Februar 968, aus Benevent, welche in seinem Namen für das Kloster Hersfeld ausgestellt ist, und dem dortigen Abte Agilulf die Privilegien des Conventes bestätigte [104]). Ueber die Teilnahme Ottos II an der Belagerung von Bari haben wir ein Zeugnis in dem Gesandtschaftsbericht des Liudprand [105]). Mit seinem Vater kehrte der junge Kaiser dann aus dem Süden zurück. Zunächst musste der Ausgang der Sendung Liudprands abgewartet werden.

Das Jahr 968 hatte für die Pläne des römischen Kaisers nicht sonderlich günstig begonnen. Unerwartet waren sie vor Bari auf erfolgreichen Widerstand gestossen. An ein Zurücktreten für immer war nicht mehr zu denken. Was aber sollte geschehen, wenn der letzte Versuch einer freundschaftlichen Annäherung an Byzanz scheitern würde, wenn die Rückantwort Liudprands den Erwartungen der Ottonen nicht entsprach? Dann musste das Schwert entscheiden. Ein langer, vielleicht wechselvoller Krieg stand bevor. Es handelte sich in ihm dann nicht nur um den Besitz eines Landesteils, sondern darum, auch von

---

[103]) Liudprand, cap. 7 (S. S. III, 348): Misit me dominus meus ad te, ut si filiam Romani imperatoris .... Ottoni .... in coniugium tradere volueris, iuramento mihi affirmes, et ego, pro gratiarum recompensatione, haec et haec dominum meum tibi facturum et observaturum iureiurando affirmabo. Sed et optimam amicitiae arabonam fraternitati tuae nunc dominus meus contulit, cum Appuliam omnem potestati subditam, meo interventu, ... (reliquerit).

[104]) St. 563. Vergl. Wenck: Hessische Landesgeschichte III, Urkundenbuch 31.

[105]) Liudprand: legatio, cap. 11 (S. S. III, 349): ... filius non abfuit.

den Griechen die bis dahin verweigerte Anerkennung eines besonderen abendländisch-römischen Kaiserreiches zu erzwingen. Auch von Deutschland her war traurige Kunde eingetroffen. Wenige Tage nach einander waren hier zwei Mitglieder der kaiserlichen Familie verstorben, am 2. März der Erzbischof Wilhelm von Mainz und am 14. März 968 die Königin Mathilde, ersterer noch im kräftigsten Lehensalter, letztere sehr hoch betagt [106]). Besonders Wilhelm hatte, wie wir wissen, in früheren Jahren dem jungen Otto sehr nahe gestanden. Die Brüder hatten bei ihrer erst kürzlich in Deutschland erfolgten Trennung nicht ahnen können, dass sie sich nicht wiedersehen sollten.

Die deutschen Angelegenheiten fesselten von nun an wieder die Aufmerksamkeit der Kaiser. Von wichtigen geistlichen Oberhäuptern in Deutschland war auch der Bischof Bernhard von Halberstadt verstorben [107]). Zwar war sowol für diesen als auch für Wilhelm ein Nachfolger schon gewählt worden, beide aber mussten zum Zwecke einer feierlichen Belehnung durch den Kaiser nach Italien eilen, wo für den October 968 eine grosse Synode nach Ravenna zusammenberufen war. Auch Otto II hat an derselben Teil genommen und hier, teils gemeinsam mit seinem Vater, teils allein urkundliche Verfügungen getroffen. In zwei Urkunden, beide vom 3. October 968 bestätigt er Schenkungen seines Vaters an Magdeburg, einmal die des Klosters St. Dionys zu Engern, dann die des Klosters Bibra [108]). In zwei Urkunden seines Vaters erscheint er ausserdem als Intervenient für das Erzbistum Magdeburg, in der Schenkungs-

---

[106]) Ueber Wilhelms Tod s. Widukind III, cap. 74 (S. S. III, 465): (Wilhelmus) cum audisset aegrotare coepisse matrem imperatoris .... Mathildam, dumque eius expectat funus, proprio funere ipsius funus procedit. Vergl. Dümmler: Kaiser Otto der Grosse, pag. 438, Anm. 4 und pag. 439, Anm. 1. Ueber den Tod der Königin Mathilde s. Dümmler a. a. O. pag. 440 f.

[107]) Widukind a. a. O.: Illo quoque tempore Bernardus . . . diem funxit extremum.

[108]) St. 564 und 565. Vergl. Jaffé: Dipl. quadr. No. 14 und 13. pag. 16 u. 15.

urkunde das Gut Bodenhausen und in der das Kloster Bibra betreffen [109]). Endlich bewilligt er mit seinem Vater gemeinsam am 6. October dem Bischof von Bergamo die Errichtung eines Marktes.

Die Synode selbst, an welcher übrigens der Papst nicht Teil genommen hat, ist dadurch von besonderer Wichtigkeit geworden, dass auf ihr endlich definitiv die Begründung des Erzbistums Magdeburg geordnet wurde. Besonders fielen die Einsprüche von Mainz und Halberstadt fort, denn die Erhebung der neuen Bischöfe für diese Sprengel war nur unter der Bedingung geschehen, dass ihrerseits jeder Widerstand gegen die Verfügungen des Kaisers in dieser Beziehung aufhören würde. Halberstadt erlitt manche Einbussen an seinem früheren Gebiete, wurde aber durch anderweitige Güterschenkungen wieder entschädigt. Mainz sprach die Bistümer von Brandenburg und Havelberg zu Gunsten der neuen Metropole aus seiner Erzdiöcese frei und wies die Slaven jenseits der Elbe und Saale dem Erzbistum Magdeburg zu. Adalbert, Abt von Weissenburg, wurde zum ersten Erzbischof gewählt [110]).

Inzwischen hatte Liudprand seine verhängnisvolle Reise an den Hof zu Constantinopel unternommen, war aber noch immer nicht zu seinem Herren zurückgekehrt. Kein Brief oder eine sonstige Nachricht gab von dem Gange der Unterhandlungen irgend welche Kunde [111]). Das mochte genugsam den Verdacht erwecken, dass man in Byzanz sich den Absichten Otto's I. verschliessen wollte. In der Tat war man hier dem kaiserlichen Gesandten auf's Schroffste entgegengetreten. Liudprand selbst hat uns einen ausführlichen Bericht über seinen Aufenthalt bei

---

[109]) St. 450 und 451. Beide Urkunden sind vom 1. Oct.

[110]) Das Genauere hierüber s. Dümmler: Kaiser Otto der Gross., pag. 443 ff.

[111]) Liudprand: leg. cap. 1 (S. S. III, 347): Quid causae fuerit, quod prius litteras sive nuntium meum non susceperitis, ratio subsequens declarabit. — cap. 53 (S. S. III, 359): . . . . me diu hic morante, litteras non recepit (Otto I.).

den Griechen hinterlassen. Er ist voll von bitteren Schmähungen gegen die Fremden, in höchster Leidenschaft niedergeschrieben, und wir dürfen nicht jedes Wort desselben ohne Weiteres annehmen. Im Ganzen aber ist diese Schrift als die einzige Quelle über diese Sendung von hohem Wert für uns.

Das rückhaltlose Vorgehen Otto's I. am Anfang dieses Jahres, als er mit bewaffneter Hand in Apulien eindrang, hatte den byzantinischen Kaiser nicht wenig verletzt und trug wesentlich dazu bei, die beabsichtigte Familienverbindung für geraume Zeit zu hintertreiben. Dass Otto ausserdem noch unverrichteter Sache hatte weichen müssen, hob jedenfalls den Mut des griechischen Kaisers und gewährte ihm vielleicht die Hoffnung, dauernd den Forderungen seines abendländischen Nebenbuhlers entgegentreten zu können. Gleich bei der ersten Zusammenkunft mit Liudprand gab Nicephorus seine ganze Gesinnung zu erkennen Er missbilligte Otto's Verfahren in Rom, griff aber dann besonders heftig den Einfall in Apulien an [112]). Weil dieser feindliche Uebergriff den erwünschten Erfolg nicht gehabt habe, so erheuchle man einen trügerischen Frieden und sende einen Kundschafter ins griechische Reich [113]). Liudprand verteidigte seinen Kaiser und gab am Schlusse, seinem Auftrage gemäss, die Bedingungen an, unter denen allein fortan Frieden und Freundschaft zwischen den beiden Reichen bestehen könne [114]). Die Heirat wurde im Laufe der Unterhandlung zwar nicht durchaus von der Hand gewiesen, doch aber als etwas ganz Unerhörtes dargestellt, zu dem man nur dann seine Zustimmung erteilen könne, wenn eine geziemende Gegenleistung gewährt würde. Als solche aber ward die Abtretung Apuliens von Nicephorus

---

[112]) Liudprand. leg. cap. 4. (S. S. III, 348): Debueramus, immo voluoramus te benigne suscipere, sed domini tui impietas non permittit. qui tam inimica invasione Romam sibi vindicavit .... et imperii nostri insuper civitates homicidio aut incendio sibi subdere temptavit.

[113]) Liudprand a. a. O. Et quia affectus eius pravus effectum habere non potuit, nunc te . . . simulata pace . . . exploratorem ad nos direxit.

[114]) Liudprand a. a. O. Vergl. Anm. 102.

nicht angesehen; das Land hatte ja nicht einmal durch Otto I.
in Besitz genommen werden können. Der griechische Kaiser
stellte eine weit grössere Forderung auf; Ravenna, Rom und
das ganze südliche Italien sollte den Griechen anheimfallen [115]).
Dieser Anspruch konnte nicht erfüllt werden; keine Partei gab
nach, und alle ferneren Besprechungen blieben ohne jeden Erfolg.
Noch lange wurde Liudprand in Constantinopel gewaltsam zurückgehalten und erst, als in Ravenna bereits die Synode tagte,
gestattete man ihm, am 2. October die Rückkehr anzutreten.
Es war nun keine Aussicht mehr für Otto I. vorhanden, sein
Verhältniss zu Byzanz in gütlicher Weise zu ordnen. Die lange
Abwesenheit seines Gesandten und der gänzliche Mangel irgend
welcher Kunde von ihm mussten des Kaisers Verdacht erregen.
Er beschloss daher, sofort in das feindliche Gebiet auf's Neue
einzufallen und führte gleich nach den Ravennater Tagen seinen
Vorsatz aus.

Mit einem Heere brach er auf und drang, die Küste ent-
lang ziehend, über Ancona und Pescara in Apulien ein. Wiederum begleitete ihn sein kaiserlicher Sohn [116]). Von hier an fehlt
uns für eine Zeit hindurch jede zuverlässige Nachricht über die
nächsten Begebenheiten. Otto II. wird in den Quellen gar nicht
erwähnt. Von seinem Vater heisst es nur, er habe das Weihnachtsfest in Apulien gefeiert [117]), sei dann nach Calabrien gekommen und habe das Land mit Brand und Plünderung heim-

---

[115]) Liudprand, cap. 15 (S. S. III, 350): Inaudita res est, ut porphy-
rogeniti porphyrogenita . . . gentibus misceatur. Verum quia tam excel-
lentem rem petitis, si datis, quod decet, accipietis, quod libet. Ravennam
scilicet et Romam cum his omnibus continuatis, quae ab his sunt usque
ad nos.

[116]) In zwei Urkunden mit dem Actum nach Pescara weisend, datirt
vom 16. November 968, finden wir Otto II. als Intervenienten St. 461
und 462. In diesen Urkunden werden der Kaiserin Adelheid fünf könig-
liche Villen im Elsass und ein Hof im Speiergau geschenkt.

[117]) Ann. Lobienses ad annum 969 (S. S. II. 211). Hoc anno imperator celebravit natalem Domini in Apulia.

gesucht [118]). Auch Ostern noch verweilte der Kaiser in Calabrien [119]), zog sich dann aber bald wieder nach dem Norden zurück und eilte in die Lombardei. Im Juli 969 treffen wir ihn hier mit seinem Sohne in Pavia [120]). In derselben Stadt, woselbst ein längerer Aufenthalt genommen sein muss, feiern beide Kaiser das nächste Weihnachtsfest [121]), und wandten sich dann gegen Ostern nach Ravenna [122]). Hier bestätigte Otto II. der Aebtissin Helmburg von Hilwartshausen die Schenkung von sechs Hufen Landes zu Gimbte bei Münden, am 11. April [123]).

Die Kämpfe in Apulien hatten inzwischen mit wechselndem Erfolge fortgedauert. Der tapferste Verfechter der Sache Otto's war hier Graf Pandulf von Capua, der mit einem kleinen, vom Kaiser zurückgelassenen Heere die feste Stadt Bovino angriff. Anfangs siegreich, wurden seine Mannen schliesslich durch die Ueberzahl der Feinde zum Weichen gebracht. Der Graf selbst ward schwer verwundet, geriet in Gefangenschaft und wurde gefesselt nach Constantinopel gebracht. Bis nach Capua drangen alsdann die Griechen siegreich vor; nachdem sie diese Stadt aber fast vierzig Tage vergeblich belagert hatten, kehrten sie nach Apulien zurück [124]). Otto I. selbst rächte die Siege der

[118]) Chron. Salernitanum cap. 170 (S. S. III, 554). Deinde Calabriae finibus venit, incendiis, praedationibus vehementer eam videlicet attrivit.

[119]) Annal. Lobienses a. a. O.: Hoc anno imperator . . . . celebravit pascha in Calabria.

[120]) Am 26. Juli unterzeichnet Otto II. hier eine Schenkungsurkunde seines Vaters für Magdeburg.

[121]) Ann. Lobienses ad an. 970: Hoc anno natale Domini Papiae . . . . celebravit. Schon am 16. December 969 ist Otto II. in einer Urkunde Otto's I aus Pavia für den Bischof Theoderich von Metz Intervenient; ebenso in drei weiteren Urkunden seines Vaters für Magdeburg vom Januar 970, gleichfalls aus Pavia.

[122]) Ann. Lobienses a. a. O.: Hoc anno . . . . pascha Ravennae celebravit.

[123]) St. 567. Ausserdem ist er hier Intervenient in einer Urkunde seines Vaters vom 29. März für das Kloster St. Maximin.

[124]) So der Bericht des Chronicon Salernit. cap. 171 unn 172 (S. S. II, 554), dem auch Dümmler: Kaiser Otto der Grosse, pag. 463 f und

Griechen nicht. Wol aber entsandte er zu diesem Zwecke ein neues deutsches Heer ab unter dem Markgrafen Gunther von Meissen und dem Grafen Siegfried. Dieses drang wieder tief in Apulien ein und kehrte nach glänzenden Erfolgen mit reichlicher Beute und grossem Tribute nach Benevent heim [125]).
Ein Mann wie der Kaiser Nicephorus, der uns als ein tüchtiger, gerechter und unermüdlicher Kriegsheld geschildert wird [126]), hätte vielleicht seine ganze Kraft den Kämpfen in Italien zugewendet und damit die deutschen Waffen in unabsehbare Verwickelungen gebracht. Eine unerwartete Wendung der Dinge aber trat ein durch die plötzliche Ermordung des Kaisers in Constantinopel. Sie geschah in der Nacht des 10. December 969 durch Johannes Tzimisces, den Vetter des Nicephorus, der

---

Giesebrecht: Gesch. d. deutschen Kaiserzeit I⁴ pag. 547 f folgen. Widukind III, cap. 71 (S. S. III, 465) stellt den Vorgang anders dar. Er spricht von Hinterlist der Griechen, welche durch eine Gesandtschaft an Otto I. sich bereit erklärt haben, die gewünschte Heiratsverbindung zu bewilligen. Als dann aber vom römischen Kaiser ein Teil des Heeres und viele ausgezeichnete Männer abgesandt seien, um die kaiserliche Braut in Empfang zu nehmen, wären diese plötztich überfallen und, nach Plünderung des Lagers, teils niedergemacht, teils gefangen nach Constantinopel geführt. Richtig bemerkt Dümmler a. a. O. hierzu, Widukind könne bei seiner weiten Entfernung vom Schauplatze leicht falsch berichtet worden sein. Dass Dönniges Darstellung in Rankes Jahrbüchern I, 3. pag. 150 bei Benutzung von jetzt anerkannt gefälschten Quellen unklar und zum Teil irrig geworden sei, hat schon Giesebrecht a. a. O., p. 839 bemerkt.

[125]) Hierin stimmen Widukind und das Chronicon Salernit. im Wesentlichen überein.

[126]) Chron. Salernit, cap. 173 (S. S. III, 555). . . . imperator Niciforus . . . vir bonus et instns atque diversorum gentium proeliator. Die Schilderung, welche Liudprand in seinem Gesandtschaftsbericht von Nicephorus gibt, ist sicher aus leidenschaftlichem Hass entsprungen und daher parteiisch gefärbt. Eine sehr günstige Schilderung entwirft Leo Diaconus V, cap. 8 (ed. Hase pag. 89 f), von Nicephorus; Georgius Cedrenus (Hist. Comp). II, pag. 354 ed. Bekker) sagt von ihm: $\mathring{\eta}\nu\ \mathring{\alpha}\nu\mathring{\eta}\rho\ \gamma\epsilon\nu\nu\alpha\tilde{\iota}o\varsigma\ \tau\epsilon\ \varkappa\tau\mathring{\iota}\ \sigma\nu\nu\epsilon\tau\acute{o}\varsigma,\ \tau\alpha\ \pi\varrho\grave{o}\varsigma\ \vartheta\epsilon\acute{o}\nu\ \tau\epsilon\ \epsilon\mathring{\upsilon}\sigma\epsilon\beta\acute{\eta}\varsigma,\ \varkappa\alpha\grave{\iota}\ \tau\grave{\alpha}\ \pi\varrho\grave{o}\varsigma\ \mathring{\alpha}\nu\vartheta\varrho\acute{\omega}\pi o \upsilon\varsigma\ \delta\acute{\iota}\varkappa\alpha\iota o\varsigma$. Man vergl. aber auch Georgius Cedrenus Hist. Comp. II. p. 367 ff.

dann selbst die Herrschaft im byzantinischen Reiche an sich zu bringen verstand [127]).

Hatte Otto I. überhaupt den Plan gehabt, noch einmal in eigener Person einen Feldzug nach dem Süden hin zu unternehmen, so mag ihn dieser Umschwung nur noch mehr dazu angetrieben haben. Sogleich von Ravenna, wo er mit seinem Sohne die erste Hälfte des April zugebracht hatte, brach er auf, und schon eine Urkunde vom Mai 970 weist mit dem Actum in die Nähe von Capua [128]). Wenngleich aus den Urkunden und Berichten nichts Bestimmtes nachzuweisen ist, so dürfen wir doch wol annehmen, dass Otto II. auch dieses Mal, wie in den früheren Jahren, seinen Vater auf dem Zuge begleitet haben wird. Nach heftiger Bedrängung Neapels wandte sich Otto I. wiederum in das Gebiet Apuliens hinein, und lange Zeit hindurch hat er das Land mit Feuer und Schwert verwüstet [129]). Aber der gewaltsame Tronwechsel in Byzanz hatte auf die Entwickelung der Dinge in Unter-Italien seinen bedeutsamen Einfluss. Johannes Tzimisces musste den Frieden wünschen, denn er, der neue Herrscher, war nach Innen und Aussen hin vielfach in Anspruch genommen. Wirklich erhielt Otto I. endlich friedliche Kunde von Constantinopel. Sie kam ihm durch die Person seines getreuen Pandulf von Capua. Die Befreiung dieses Mannes, der von dem vorigen griechischen Kaiser in strenger Haft gehalten war, deutet schon an und für sich auf den Entschluss zur Nachgiebigkeit von Seiten Byzanz' hin. Wenn wir aber weiter erfahren, dass Otto I. unmittelbar darauf in Folge der Bitten Pandulf's von Apulien ab dem Norden zuzog [130]), so dürfen wir den Schluss machen, auch wenn die directen Nach-

---

[127]) Am Besten berichtet hierüber Leo Diaconus: Histor, V, cap. 5 ff.
[128]) Urkunde vom 25. Mai 970. St. 491.
[129]) Noch vom 3. August 970 ist eine Urkunde Otto I. aus Apulien datirt. St. 492. Ueber die Kriegsereignisse gibt uns nur das Chronic. Salernit. cap. 174 einige Nachrichten.
[130]) Chron. Salernit. a. a. O.: . . . per exorationem Pandulfi ipse imperator Apuliam deserit et Galliam properavit.

richten fehlen, dass Johannes Tzimisces dem römischen Kaiser durch Pandulf eine erste Grundlage für weitere Verhandlungen hat anbieten lassen. Während des ganzen folgenden Jahres ruhten die Waffen. Beide Ottonen hielten sich von Ostern 971 an mit geringer Unterbrechung in Ravenna auf [131]). Von hier aus ist auch wol gegen Ende des Jahres 971 die letzte Gesandschaft des römischen Kaisers nach Constantinopel abgegangen. An ihrer Spitze stand Erzbischof Gero von Köln. Zwei Bischöfe und andere angesehene Grosse begleiteten ihn [132]). Diesen Gesandten ist es endlich gelungen, jeden Widerspruch gegen die Heiratsverbindung zu beseitigen. Otto I., der ja niemals Apulien vollständig zu unterwerfen vermocht hatte, wird auf den Besitz dieses Landes verzichtet haben. Dafür aber hat Johannes Tzimisces die Verbindung Theophanos mit Otto II. zugelassen. Noch im Frühling des nächsten Jahres, 972, kam die griechische Kaisertochter als Braut des jungen römischen Kaisers auf italienischem Boden an.

Rom erschien als der Ort, an dem in würdigster Weise die Hochzeitsfeierlichkeiten begangen werden konnten. Hier, an derselben Stelle, an welcher einst Vater und Sohn nach einander aus den Händen des Papstes die römische Kaiserkrone empfangen hatten, sollte auch die heilige Handlung vollzogen werden, durch welche der damaligen Welt die innige Vereinigung der beiden mächtigsten weltlichen Reiche scharf vor Augen treten musste. Die höchste geistliche Macht, mit dem Kaisertum im engen Bunde, sollte ihren Segen dazu erteilen. Schon um Ostern 972 hatten sich die Ottonen nach Rom begeben, wo sie am 7. April das Fest feierten. Es war dafür gesorgt, die byzantinische

---

[131]) Annales Lobienses. ad annum 971: Hoc anno pascha Ravennae celebravit. Otto II. ist in einer Urkunde seines Vaters aus Ravenna Intervenient. St. 500.

[132]) Hugo von Flavigny: Chron. II, cap. 8 (S. S. VIII, 374). . . . pro cius filia Ottoni II. in matrimonio iungenda iussu eiusdem Ottonis ad eundem imperatorem legatus missus est (Gero) cum episcopis duobus, ducibus et comitibus.

Prinzessin aufs Ehrenvollste zu empfangen und zur Hochzeit zu geleiten. Bis Benevent war ihr der Bischof Theoderich von Metz, ein Vetter Otto's I., entgegengeschickt worden [133]). Mit stattlichem Gefolge und reichen Geschenken an Gold und Silber, einer Kaisertochter würdig, war sie gekommen. Gerade eine Woche nach dem Osterfeste, am 14. April 972, einem Sonntage fand die Hochzeit statt. Der Papst Johann XIII. krönte sie alsdann selbst zur Kaiserin [134]).

Wol mochte dieser Tag Allen damals ein ganz besonders freudiger gewesen sein [135]), denn mit ihm schienen die langen Kämpfe zwischem dem römischen und griechischen Kaisertum für immer ihr Ende erreicht zu haben. Man ahnte nicht, zu welchen verhängnisvollen Verwickelungen diese Hochzeit in nicht viel späterer Zeit Veranlassung geben sollte. Ueber einen besonderen, zwischen Rom und Byzanz abgeschlossenen Frieden erfahren wir Nichts, auch Nichts darüber, wie die Besitzstreitigkeiten in Süd-Italien ausgeglichen sein mögen. Benevent und Capua, früher griechische Oberhoheit anerkennend, wurden jetzt dem römisch-deutschen Reiche zugezählt. Apulien und Calabrien wie gesagt, scheinen den Griechen belassen worden zu sein. Bei dem Schweigen aller Quellen muss es dahin gestellt bleiben, ob überhaupt und welche italienischen Lande Theophano als Mitgift dem jungen Otto zuführte. Der eine Erfolg aber scheint

---

[133]) Die einzige Belegstelle hierfür findet sich bei Sigebert in seiner vita Deoderici, cap. 16. (S. S. IV, 475): . . . domno praesule (Theoderich) Beneventum veniente, dum nurui imperatoriae a Graecia venienti obviam missus esset.

[134]) Den 14. April geben die Annales Hildesheimenses (S. S. III, pag. 62) als Datum an, ebenso die Ann. Altahenses mai. (S. S. XX, 787). Die Urkunde Otto's II., welche das Heiratgut für Theophano bestimmt ist von demselben Tage. (Leibniz: Ann. imp. III, 293). Die Krönung von Seiten des Papstes ist nur in den Ann. Lobienses (S. S. II, 211) erwähnt: . . . ubi tunc equivoco atque imperatori suo Theophani nomine ab apostolico Joanne coronata in legitimo matrimonio est sociata. Die Annales Altahenses mai. a. a. O. sprechen nur von einem apostolischen Segen.

mir sicher noch errungen zu sein, nämlich der, dass die Ottonen von den Griechen als vollberechtigte römische Kaiser anerkannt wurden [135]).

Noch am Tage der Hochzeit ward im Namen Otto's II. eine Urkunde ausgestellt, welche für Theophano ein überaus glänzendes Heiratsgut bestimmte Gebiete innerhalb der Grenzen Italiens und weite Besitzungen nördlich von den Alpen als gesetzliche Morgengabe nach Sitte der Vorfahren zu dauerndem Recht als Besitz gewährt [137]). In Italien erhielt Theophano für sich Istrien und die Grafschaft Pescara, von dem Gebiet jenseit der Alpen ferner Walcheren, Wicheren und die Abtei Nivelles mit 14,000 dazu gehörigen Hufen, endlich die königlichen Orte Boppard, Thiel, Herford, Tilleda und Nordhausen [138]). Die Urkunde ist noch bis auf den heutigen Tag in einem prachtvollen Exemplar in Goldschrift auf Purpurpergament in Wolfenbüttel erhalten.

Die Kriege mit den Griechen hatten den alten Kaiser länger, als er dachte, von der Heimat fern in Italien zurückgehalten. Er sehnte sich wieder zum Norden hin. Auch hatte er in jenem Briefe an die sächsischen Fürsten im Jahre 968 eine baldige Heimkehr in Aussicht gestellt, wenn er nur erst die Saracenen aus Italien vertrieben haben würde. Diesen letzten Plan gab er nun auf. Das sechste Jahr seiner Abwesenheit von Deutschland hatte begonnen. Sollte er sich noch einmal auf einen blutigen, unheilvollen Krieg einlassen, dieses Mal gegen die fanatischen

---

[135]) Widukind III, cap. 74. (S. S. 465) sagt: Omnem Italiam super hoc et Germaniam laetiores reddidit.

[136]) Noch Liudprand hat in seinem Gesandtschaftsbericht wiederholt (cap. 2 u. 25) erwähnt, wie die Griechen Otto I. nur einen König, nicht aber einen Kaiser nannten.

[137]) Leibniz: Ann. imp. III, pag. 293, wo es in der Urkunde selbst heisst: . . . dote legitima, maiorum more nostrorum quaedam tam infra Italicos fines, quam et Transalpinis regnis nostris habenda et iure perpetuo concedimus possidenda.

[138]) St. 568. Sie ist consultu Otto I. erlassen und auch von Otto I. unterzeichnet.

Anhänger des Islam? Auch das deutsche Reich erforderte endlich seine Gegenwart wieder. Deshalb beschloss er mit den Seinigen die Rückkehr [139]).

Dem Aufenthalte der beiden Kaiser in Rom gehört noch eine Urkunde an, in welcher Otto II. dem Kloster St. Paul in Verdun die freie Abtswahl und die alten Besitzungen bestätigt [140]. Der Aufbruch von Rom erfolgte erst im Mai 972. Ueber Ravenna, wo Otto II. mit seinem Vater gemeinsam dem St. Apollinariskloster desssen gesammtes Besitztum bestätigt haben soll [141], gelangten beide Kaiser nach Brescia. Hier ist abermals durch Otto II. eine Urkunde ausgestellt, welche dem Kloster Pfeffers Königsschutz und freie Abtswahl sichert [142]). Gegen Ende des Julimonates finden wir die Ottonen bereits in Mailand. Sie nahmen an einer Gerichtsverhandlung Teil, auf welcher am 30. Juli wegen einiger Besitzstreitigkeiten zu Gunsten der Kanoniker zu Bergamo entschieden wurde [143]). Ueber Pavia wurde sodann die Reise nach Deutschland fortgesetzt, und schon in der ersten Hälfte des August sind die Alpen überschritten worden. Am 14. desselben Monates fand ein kurzer Besuch in St. Gallen Statt [144]). Ekkehard IV. gibt uns eine kurze Schilderung von

[139]) Widukind bringt Otto's Entschluss zur Rückkehr schon mit dem Tode des Erzbischofs Wilhelm von Mainz und der Königin Mathilde in Verbindung. Wid. III, cap. 75. (S. S. III, 466): Igitur imperator audita morte matris et filii ceterorumque principalium virorum . . . . . . iudicavit ab expeditione Fraxaneti abstinere, et, dispositis in Italia rebus, patriam remeare.

[140]) St. 568. Sie ist ohne Datum.

[141]) St. 506. Dümmler: Kaiser Otto der Grosse, 487, hält diese Urkunde, wol sicher mit Recht, für sehr verdächtig. Sie ist vom 25. Mai.

[142]) St. 570. Sie ist vom 11. Juli 972.

[143]) St. 511.

[144]) Der Besuch St. Gallens, der bei Ekkehard in den Cas. St. Galli (S. S. II. 146) erwähnt wird, scheint mir entschieden in diese Zeit zu gehören, wie auch Dümmler: Kaiser Otto der Grosse, pag. 433, Anm. 5 gegen Waitz (Rankes Jahrbücher 1, 3. pag. 162, Anm. 3) annimmt. Die Daten der beiden hier von Otto II. erlassenen Urkunden, an deren Echtheit nicht zu zweifeln ist, stimmen sehr gut damit überein. St. 571 und 572.

der Anwesenheit der hohen Gäste daselbst. Für die Begrüssung neugedichtete Lieder wurden zur Feier des Empfanges gesungen, reichlicher Aufwand war nicht gescheut worden. Der junge Otto liess sich die Bibliothek öffnen und, angereizt durch die guten Bücher, nahm er mehrere mit sich, gab aber einige derselben auf Bitten Ekkehards später wieder zurück [145]). Hier in St. Gallen vereinbarte Otto II. zwei Verbriefungen, die eine datirt vom 14. August, die andere vom 18. August 972. In der ersten bestätigte er auf Wunsch seines Vaters dem Kloster Einsiedeln dessen Besitzungen [146]), in der letzten, in welcher zum ersten Male Theophano als Intervenientin erscheint, bestätigt er dem Kloster St. Gallen sämmtliche von den Vorfahren verliehenen Rechte [147]). Ueber Constanz, wo ein längerer Aufenthalt erfolgte [148]), gelangte Otto II. stets in Begleitung seines Vaters nach Berührung von

[145]) Ekkehardi Casus St. Galli (S. S. II, 147): Parantur in adventum illorum multimoda laudum recens dictatarum exterarumque, ut solet, rerum copiosa impendia. Veniunt in locum in vigilia ascensionis, quae fuit in die sanctae Potentianae virginis. Suscipiuntur honore quo decuit. Auch wenn Ekkehard hier Christi Himmelfahrt mit Mariae Himmelfahrt verwechselt hat, stimmen die Daten nicht zusammen. — Etwas weiter unten heisst es: Otto filius armarium sibi aperiri rogat. Illo (ille) autem libris optimis illectus plures abstulit, quorum aliquos Ekkardo rogante postea reddidit.

[146]) St. 571. Wirtembergisches Urkundenbuch I, pag. 218 . . . . patre nostro dilecto et coimperatore volente . . .

[147]) St. 572. Vergl. Stumpf: Acta imp. adhuc inedita pag. 314 . . . . quod venerabilis abbas Notker per nostri genitoris dilectissimi et coimperatoris voluntatem, carissimaeque coningis nostrae Theophanu obnixum interventum imploravit . . . . Das Tages- und Jahresdatum dieser Urkunde weisen zwar auf den 18. August 973 hin, zu welcher Zeit Otto II. jedoch nicht in St. Gallen gewesen ist. (Vergl. St. 596 bis 602 und Giesebrecht in Ranke's Jahrbüchern II, 1. pag. 8). Das Jahr des regnum und imperium aber stimmt mit dem Jahre 972 zusammen. Ueber die Datirung dieser Urkunde vergl. Sickel: Beiträge zur Diplomatik VI, pag. 105 ff.

[148]) Otto I. urkundet hier vom 18. bis zum 28 August 972. St. 514 bis 516. Von Constanz aus besuchte Otto II. noch Reichenau und gewährte hier dem Kloster Einsiedeln die Zollfreiheit in Zürich. Ich schliesse mich hier der Ausführung Sickels a. a. O. an.

Ingelheim und Trebur [149]) in der letzten Hälfte des October nach
Nierstein, und von hier ist vom 18. October die letzte Urkunde
datirt, welche, vom jungen Kaiser zu Lebzeiten seines Vaters
ausgestellt, auf uns gekommen ist. Sie bestätigt der Kirche von
Lorch die derselben vom König Ludwig geschenkten Weinberge
zu Wachau [150]). Jetzt, da uns die urkundlichen Ueberlieferungen
über Ottos II. Wirken und Aufenthalt für die nächste Zeit keinen
Anhaltspunkt mehr gewähren, sind wir auch in den übrigen
Quellen nur noch auf sehr kurze, beiläufige Notizen angewiesen.

Nach der Feier des Weihnachtsfestes hatte sich Otto I. am
Palmsonntage (16. März) 973 nach Magdeburg begeben und
brachte dort unter Zustimmung seiner Gemahlin und seines
Sohnes dem heiligen Mauritius reichliche Geschenke an Gütern,
Büchern und anderen Wertgegenständen dar [151]). Das Osterfest,
März 23, feierte die ganze kaiserliche Familie gemeinsam in
Quedlinburg, nachdem sie daselbst schon einige Tage vorher,
am 19. März, eingetroffen war [152]). Von hier aus wurde der
Stadt Merseburg noch ein längerer Besuch abgestattet und daselbst das Fest der Himmelfahrt Christi verlebt, Mai 1. [153]).

Als Otto I. dann aber am 6. Mai 973 nach Memleben kam,

---

[149]) St. 517 und 518.

[150]) St. 574. Vergl. Monum. Boica, 28² p. 194 . . . Dilectus nepos
noster Heinricus dux videlicet Baioariorum nostram imper. imploravit
celsitudinem . . .

[151]) Thietmar: Chron. II. 70. (S. S. III, 753): . . tradidit (Otto I)
. . . ineffabilia Deo· munera invictissimoque eius duci Mauricio in praediis, in libris ceteroque apparatu . . . presentia et laude imperatricis
et filii.

[152]) Ann. Altah mai. ad an. 973. (S. S. XX, 787); Otto imperator
cum imperatricibus 14 Kal. April. Quidilingaburg venerunt, ibi diem
paschalem celebrant; is contigit 10 Kal. April. Die Feier des Osterfestes
wird auch in anderen Quellen erwähnt, Ann. Lobienses (S. S. II, 211),
Annales Hildesheim. (S. S. III, 62), Widukind III, cap. 75 (S. S. III, 466)
u. a., nicht aber der Tag der Ankunft der Kaiser.

[153]) Widukind III cap. 75 (S. S. III 466) . . . descendit inde ascensionem
Domini apud Merseburg celebraturus. Thietmar: Chr. 2,27.

ward er von einer plötzlichen Krankheit befallen, die schon am folgenden Tage seinem tatenreichen Leben ein unerwartet schnelles Ende machte [154]). Er starb an demselben Orte, wo einst sein Vater verstorben war, indem er seinem einzigen Sohn ein Reich hinterliess, das er mit seltener Kraft und Energie befestigt, neugeordnet und erweitert hatte. —

Wir stehen hier an einem für die deutsche Geschichte verhängnisvollen Wendepunkte. Je mehr wir die Schicksale unseres Volkes in der Zeit der ersten beiden gewaltigen Herrscher aus dem sächsischen Hause uns vor Augen führen, um so sicherer gewinnen wir die Ueberzeugung, dass alle Verhältnisse des Reiches im letzten Grunde bedingt waren durch die seltenen Herrschertugenden Heinrich's I., zumal aber Otto's des Grossen. In ihnen schien für Deutschland ein Geschlecht wiedererstanden zu sein, welches die ruhmreiche Zeit des grossen Karl wieder herbeiführen sollte. Wie aber dessen Werk, so glanzvoll es gewesen, den Tod des Schöpfers nicht lange überdauert hat, weil schon der nächste Nachfolger ein arger Schwächling war, so lag auch hier die Gefahr nahe, dass alle errungenen Erfolge in kurzer Zeit verloren gehen würden, wenn nicht Otto II. den Willen und die Kraft besass, den Bestand des Reiches nach Aussen hin vor jeglicher Gefahr zu schützen. Das Heil des Volkes beruhte in jener Zeit besonders auf der Persönlichkeit des Herrschers.

Wir haben gesehen, wie Otto II. schon im zartesten Kindesalter mit der deutschen Königskrone geschmückt worden war, wie er einen grossen Teil der Knabenjahre unter der Leitung und Obhut seines Bruders Wilhelm verbrachte, dabei aber immer die Form einer selbständigen Ausübung der Hoheitsrechte bewahrt geblieben ist, bis endlich der Vater den Sohn zur Erlangung der höchsten weltlichen Ehre zu sich nach Italien berief. Ein entscheidender Augenblick war damit im Leben Otto's II.

---

[154]) Am Ausführlichsten berichtet Widukind III, cap. 75 (S. S. III, 466) über Ottos I Tod.

eingetreten. Die Kaiserwürde gab schon an und für sich seinem Namen nach Aussen hin einen grösseren Glanz und eine höhere Bedeutung. Das zunehmende Alter gestattete ihm ausserdem eine weitere Einsicht in die Pläne seines grossen Vorbildes und ein tieferes Verständnis für die Pflichten, die ihm selbst dereinst auferlegt sein würden. In Italien hat Otto II. die Jahre seiner Mündigkeit erreicht. Es ist kein Zweifel, dass seine Stellung nunmehr eine selbständigere geworden ist. An allen den Handlungen, bei denen sein Name früher nur formell genannt worden war, wird er jetzt eigenmächtigen Anteil genommen haben. Ebenso natürlich ist es aber auch, dass sein Wille sich stets nach dem seines Vaters richten musste. Was uns an Urkunden Otto's II. aus dieser Zeit erhalten ist, bestätigt meist nur Privilegien, die Otto I. bereits erteilt hatte. Ganz selbständig, doch aber immer noch nach einer Beratschlagung mit seinem Vater, erscheint Otto II. nur in der Schenkungsurkunde für Theophanu, die auch vom alten Kaiser noch bestätigt wurde. (St. 568.)

Noch kurz vor dem verhängnisvollen Tage zu Memleben, der dem römischen Kaiserreiche den kräftigsten Vertreter nahm, den es vielleicht jemals besessen hat, war dem jugendlichen Otto Gelegenheit geboten worden, die ganze Fülle des Ansehens, welches sein Vater genoss, noch einmal lebhaft vor Augen zu haben. Als nämlich der Hof in Quedlinburg verweilte, trafen hier die Gesandten der verschiedensten Völkerschaften zusammen, Boten der Griechen, Beneventaner, Römer und anderer Italiener, der Ungarn, Dänen, Slaven, Bulgaren und Russen. Sie alle waren mit reichen Geschenken erschienen und suchten Freundschaft und Frieden mit dem römischen Kaiser. Das Werk Otto's des Grossen war zu fest begründet, als dass es gleich mit seinem Tode hätte verfallen können. Die Idee eines einheitlich christlich-abendländischen Weltreiches lag zu sehr in der Zeit, als dass sie nicht weiter in Aller Gemüt hätte tiefe Wurzeln fassen sollen.

Aber freilich erforderte es hervorragende persönliche Eigenschaften, die schwere Aufgabe in der Weise zu erfassen und durchzuführen, wie es der mächtige Kaiser getan hat. Otto II. war noch jung. Jetzt, da ihm allein das Regiment zugefallen war, sollte er zeigen, ob seine Kräfte den hohen Ansprüchen genügen würden, die man in seiner unvergleichlichen Stellung an ihn machte.

Excurs I.
Ueber die Urkunden Otto's II. bis Mai 973.

In den Urkunden, die im Namen Otto's ausgestellt sind, und von denen wir die stattliche Anzahl von 325 besitzen, herrscht namentlich in chronologischer Beziehung oft eine derartige Verwirrung, dass da, wo uns kein anderweitiges Quellenmaterial zur Hülfe kommt, nicht selten von einer genauen Bestimmung, wann eine betreffende Verbriefung Statt gefunden habe, Abstand genommen werden muss. Schon Giesebrecht hat bemerkt, dass das, was Höfer (Zeitschrift I, pag. 366) über die Ungenauigkeit der Datirung der ottonischen Urkunden sagt, ganz besonders von den Diplomen Otto's II. gelte, und er hat am selben Orte eine Reihe unmittelbar einleuchtender Widersprüche in der Datumszeile einzelner Urkunden zusammengestellt[1]). Auch wird ein Blick in das Regestenbuch Stumpf's genügen, um Jeden von dem häufigen Vorhandensein chronologischer Unregelmässigkeiten zu überzeugen. Mag nun der Grund dafür sein, welcher es wolle, häufige Personenwechsel und Unordnung in der Kanzlei, vielleicht Unkenntnis, vielleicht Unachtsamkeit des Schreibers, sicherlich wird jetzt in den meisten Fällen Niemand mehr einzig und allein wegen Unregelmässigkeiten eine Urkunde Otto's II. für unecht erklären. Um zu

---

[1]) Vergl. Excurs 1 pag. 111 f in Rankes Jahrbüchern II, 1. Was Dümmler: Kaiser Otto der Grosse, pag. 544 und Sickel: Beiträge zur Diplomatik, VI pag. 79 f über die Urkunden Ottos I sagen, gilt auch von den Diplomen Otto II.

diesem Schlusse zu gelangen sind noch andere, überzeugendere Beweise nötig, so der Nachweis handgreiflicher Irrtümer bei Anführung von Intervenienten, oder der Nachweis sonstiger falscher Angaben im Text. Jedenfalls aber ist unter allen Umständen eine gewissenhafte Prüfung sämmtlicher vorhandener Originale eine unabweisbare Forderung, will man heut zu Tage mit grösstmöglicher Sicherheit über Echtheit oder Unechtheit der Urkunden entscheiden. Mir haben bei meiner Arbeit jene Originale selbstverständlich nicht vorgelegen, und ich habe mich daher im Grossen und Ganzen der Meinung anerkannter Autoritäten anschliessen müssen.

In jüngster Zeit ist durch das Erscheinen der beiden Bände der Beiträge zur Urkundenlehre von J. Ficker eine neue Bewegung auf dem Gebiete dieser Wissenschaft entstanden. Schon das Ergebnis der Vorbemerkungen in diesem Buche, „dass die Annahme der Fälschung zur Erklärung der anscheinenden Widersprüche in der Datirung selbst oder zwischen der Datirung und anderen, nicht zunächst den Rechtsinhalt der Urkunde bostimmenden Angaben nicht ausreicht," (pag. 34 f.) scheint mir nicht selten gerade in Diplomen Otto's II. Bestätigung zu finden. Die Prüfung der einzelnen Urkunden auf ihre Echtheit oder Unechtheit hin hat Ficker den Sonderforschungen überlassen. Ferner wendet sich das Buch gegen die bisher fast ausnahmslos geltende Meinung, welche auch practisch ausgebeutet wurde, dass wir aus der Zusammenstellung der Orte und Zeitangaben in den Königsurkunden ein unbedingt zuverlässiges und genaues Itinerar der Könige und Kaiser gewinnen und damit zugleich „das feste Gerippe der Reichsgeschichte, welches es gestattet, auch das ungenau Ueberlieferte richtig zu stellen, die nach Zeit und Ort nicht genügend bestimmten Nachrichten an der ihnen zukommenden Stelle einzureihen und zu verwerten." Hiermit steht im engsten Zusammenhange die Frage nach der zeitlichen Verschiedenheit oder nach dem zeitlichen Zusammenfallen der Handlungen, welche meist in den Urkunden mit den Worten Actum und Datum bezeichnet sind: die Frage, ob in den Urkunden, wo beide Handlungen nicht ausdrücklich als getrennte erwähnt sind, sich vielleicht doch nachweisen liesse, dass die Verabredung einer rechtlich vorzunehmenden Verbriefung (Actum) an einem anderen Orte, oder zu einer früheren Zeit Statt gefunden haben müsse, wie die rechtliche Vollziehung dieser Verbriefung durch die Beurkundung selbst (Datum). Liesse sich das auch nur an einigen wenigen Beispielen dartun, so ist es klar, dass wir uns zur Feststellung eines Itinerars der deutschen Könige und Kaiser nicht mehr sicher auf die chronologischen Angaben in den Datumszeilen der Urkunden stützen können. Durch Ficker's Buch ist den Einzelforschungen ein neuer Weg geöffnet, und Jeder wird es sich zur Pflicht machen müssen, genau zu untersuchen, in wie weit die Resultate, welche Ficker im Grossen und Ganzen gefunden und begründet hat, auch im Einzelnen ihre Bestätigung finden oder nicht.

Auch ich habe bei den Urkunden Otto's II., welche zunächst in die von mir behandelte Zeit fallen, das Werk Ficker's möglichst zu Rate gezogen. Von Vorn herein muss ich bemerken, dass ich, was Echtheit oder Unechtheit der Urkunden Otto's II. bis zum 7. Mai 973 anbetrifft, zu einem nur wenig verschiedenen Resultat gekommen bin, als es schon von Stumpf in seinen Reichskanzlern gewonnen ist. Nur bei einzelnen Diplomen glaubte ich, wie ich weiter unten dartun werde, auf Grund neuerer Forschungen von ihm abweichen zu müssen. Von den 27 Urkunden Otto's II., welche in die Jahre 961 bis 972 fallen, halte ich 22 für echt, 5 hingegen für mindestens sehr zweifelhaft.

Betrachten wir zunächst die echten Diplome, so lässt sich bei einigen derselben nachweisen, dass bei ihnen Actum und Datum zeitlich, wenn auch nicht vollkommen, so doch nahezu zusammenfallen, dass sie mithin für die Feststellung des Itinerars Otto's II. mit Erfolg in Betracht zu ziehen sind. Es ist nämlich anderweitig bezeugt, dass die beiden Ottonen Ende October und Anfang November 967 in Verona verweilten, so in der Gesetzesbestimmung für Italien über den Zweikampf bei Besitzstreitigkoiten²); so auch in dem Berichte des Annalista Saxo über die Reise des jungen Otto nach Italien³). Es ist danach zweifellos, dass Actum und Datum der Urkunde für das Erzbistum Hamburg vom 27. October 967 aus Verona (St. 562) entweder zur selben Zeit oder kurz nach einander, jedenfalls aber beide Handlungen in Verona Statt gefunden haben müssen.

Ganz ähnlich verhält es sich mit den Urkunden Otto's II. für Magdeburg vom 3. October 968 aus Ravenna (St. 564 und 565). Wir wissen, dass in jener Zeit eine Synode in Ravenna versammelt war, welche in Gegenwart der beiden Ottonen eine endgültige Entscheidung der Magdeburger Angelegenheit herbeiführte⁴). Die Zeit des Actum lässt sich auch hier zwar nicht mit völliger Sicherheit feststellen, sie kann aber auch kaum viel früher, als am 3. October 968 gewesen sein, von welchem Tage, wie gesagt, die Urkunden datirt sind. Der Wortlaut derselben⁵) ist überdies von der Art, von welcher Ficker selbst zugibt (pag. 118), dass wir auf Zusammenfallen der Handlung mit dem Beurkundungsbefehle hingewiesen sind. Dass in diesem Falle Actum und Datum an einem und demselben Orte, nämlich in Ravenna, Statt gefunden, das ergibt sich wol aus dem Inhalte der Urkunden selbst. Mir scheint es natürlich, dass da, wo das Erzbistum Magdeburg erst recht eigentlich ins Leben trat, demselben von dem zukünftig alleinigen Kaiser Besitzungen urkundlich bestätigt werden, welche erst vor zwei Tagen von dem alten Kaiser dem Erzstifte verbrieft waren. Die hier erwähnten Diplome Otto's II. sind Bestätigungen von Schenkungen Otto I.

---

²) Mon. Logg. II, 32 f, wo es schliesslich heisst: Actum sub urbe Veronense in loco qui dicitur insula sancti Zenonis 4 Kal. Nov. a. d. 967.

³) Mon S. S. VI, 620, ad annum 967! Celebrata vero ibi (in Verona) sanctorum omnium festivitate etc.

⁴) Vergl. Dümmler: Kaiser Otto der Grosse pag. 444 ff. und die dort angeführten Quellen.

⁵) Unde precibus dilecti archiepiscopi nostri Adalberti permoti, privilegia vel praecepta .... nostra etiam audoritate roboramus et confirmamus etc. vgl. Jaffé: Dipl. quadr. No. 14 u. No. 13.

vom 1. October 968 datirt, bei denen als Ort des Actum gleichfalls Ravenna erscheint. (St. 449 und 451.)

Was ferner die Urkunde Otto's II. vom 14. April 972 aus Rom anlangt (St. 568), so ist aus andern Quellen[6]) zu erweisen, dass der junge Kaiser gerade an diesem Tage in Rom verweilte, denn es war der Tag, an welchem in der Peterskirche die Hochzeit Otto's II. mit Theophano gefeiert wurde. Die Urkunde bestimmt das Heiratsgut für die griechische Kaisertochter. Actum und Datum fallen auch hier an demselben Ort und zeitlich sehr nahe zusammen.

Dieses sind aber auch die einzigen Urkunden, welche für eine wenigstens annähernd sichere Untersuchung nach dieser Richtung hin in Betracht gezogen werden können. Was die übrigen echten Diplome Otto's II. aus dieser Zeit anbetrifft, so müssen wir eingestehen, dass sie zur Feststellung eines gesicherten Itinerars für diesen Herrscher nicht mehr entscheidend sind, weil keine Merkmale sich auffinden lassen, auf Grund welcher wir zu bestimmen im Stande wären, ob überhaupt, und in wie weit zeitlich oder räumlich Actum und Datum zusammenfallen. Ich führe nur ein Paar Beispiele an, so gleich das erste Diplom, welches uns von Otto II. erhalten ist. (St. 547). Es bestätigt dem Servatiuskloster in Quedlinburg früher gemachte Schenkungen und stimmt in seiner Fassung wörtlich mit der Bestätigungsurkunde Otto's I. vom 15. Juli 961 aus Quedlinburg (St. 290) überein, nur dass in der Aufzählung der Ortschaften der Name Harzgerodes fortgelassen ist. Als Datum findet sich der 24. Juli angegeben[7]); und als Ort des Actum findet sich Wallhausen verzeichnet. Bei dem jetzigen Stand der Forschung dürfen wir nicht mehr behaupten, dass Otto II. gerade am 24. Juli 961 in Wallhausen anwesend gewesen sei, weil aus den übrigen Quellen kein Beleg dafür beizubringen ist. Wir können nur in der Actumangabe eine Bestätigung für

---

[6]) Ann. Hildesh. u. Ann. Saxo 972.

[7]) Stumpf bemerkt die abweichende Datumsangabe zum 6. August bei Lünig im Reichsarchiv und bei Leibniz in den Ann. Imp.

die Behauptung Liudprands finden, nach welcher Otto II., als sein Vater 961 nach Italien ging, in Sachsen zurückgelassen wurde [8]). Als zweites Beispiel wähle ich die Urkunde Otto's II. (St. 563) aus, welche dem Abte Agilulf von Hersfeld die Privilegien seines Klosters bestätigt, datirt vom 16. Februar 968 und mit Nennung Benevents als Ort des Actum. Auch in diesem Falle können wir nicht sicher erweisen, dass Otto's II. Anwesenheit in Benevent gerade auf den 16. Februar 968 gefallen sei, weil alle weiteren Quellen darüber schweigen. Aber doch gewinnen wir auch aus dieser Urkunde wieder ein sicheres Resultat, welches ich schon oben im Texte angeführt habe, dass nämlich Otto II. seinen Vater um jene Zeit auf seinem Zuge nach Apulien begleitete. Bestätigt wird auch das wiederum durch eine Notiz Liudprands, der in seiner legatio bei Gelegenheit der Belagerung von Bari anmerkt: . . . filius (scil. Otto II.) non abfuit [9]) Die beiden hier herangezogenen Beispiele werden genügen, zu beweisen, dass, wenn wir auch darauf verzichten müssen, mit Hülfe des gesammten urkundlichen Materials ein gesichertes Itinerar Otto's II. zusammenzustellen, wir dennoch dann und wann gerade auch in Diplomen Anhaltspunkte finden, welche uns befähigen, den Schritten des jungen Herrschers zu folgen. Besonders bei dem Mangel an chronistischen und annalistischen Aufzeichnungen aus jener Zeit ist das von um so grösserem Wert.

Blicken wir nun auf die Vermerkung der ann. regn. und imp. in den echten Diplomen Otto's II., so wird uns auch schon in dieser Zeit, da uns doch noch nicht sehr viele Diplome vorliegen, eine befremdliche Mannigfaltigkeit verschiedener Zusammensetzungen entgegentreten. Vorher seien noch einige kurze Bemerkungen eingeschaltet über einzelne Urkunden, welche im Namen Otto's I. ausgestellt sind, nebenbei aber in den Datumszeilen auch die Regierungsjahre Otto's II. berücksichtigen.

---

[8]) Liudprand: Hist. Ott. cap. 2, (S. S. III, 340): Rex . . . . eum (scil Ottonem II) in Saxonia dereliquit.

[9]) cap. 11 (S. S. III, 349.)

Natürlich kommen erst die Diplome seit dem 26. Mai 961, dem Tage der kirchlichen Weihe des jungen Herrschers in Betracht. Auffällig wäre, wenn bis zum 25. December 967, also bis zur Kaiserkrönung Otto's II., sein Name nur ein einziges Mal bei der Datirung der Urkunden seines Vaters erwähnt sein würde; und doch habe ich nur eine Urkunde der Art finden können. Wir werden sehen, wie es sich mit dieser verhält. Sie bestimmt die Abtei St. Maximin bei Trier zum Wittum der Kaiserinnen und den dortigen Abt zu deren Kaplan. (St. 300). Das Actum weist nach Rom, die Zeit der Datirung lässt sich aber nicht genau feststellen, weil im angeblichen Original der Monatstag nicht verzeichnet ist. Stumpf, der die Urkunde für echt hält, setzt sie zwischen 2. und 14. Februar 962 an. Damit würde zwar das Jahr der Kaiserherrschaft Otto's I. stimmen, denn es heisst: anno imp. Ottonis 1, aber unmittelbar darauf folgt: regni vero serenissimi regis Ottonis filii eius 2 [10]).

Hier würde ein offenbarer Irrtum stecken, weil für Otto II. erst mit dem 26. Mai 962 das zweite Jahr der Königsherrschaft begann. Wäre die Urkunde echt, so müsste man entweder annehmen, dass in der Kanzlei des Kaisers in der Datirung hier ein Versehen Statt gefunden habe, oder später hineingekommen sei, oder man müsste die Datirung selbst, gegen Stumpf, für eine spätere Zeit ansetzen und als Grenze, innerhalb welcher sie erfolgt sei, die Zeit vom 26. Mai bis zum 25. December 962 bestimmen. Dümmler hat neuerdings die Echtheit dieser Urkunde in Abrede gestellt, und die Gründe, welche er dafür beibringt, scheinen mir vollkommen überzeugend[11]). Mithin können wir dieses Diplom für uns nicht verwerten, und wir können behaupten, dass bis zum 25. December 967 die Regierungsjahre Otto's II. in den Datumszeilen der Urkunden seines Vaters nicht erwähnt sind. Was auch der Grund dafür gewesen sein mag, jedenfalls ist er nicht in der Minderjährigkeit des jungen Otto

---

[10]) cf. Beyer: Mittelrheinisches Urkundenbuch I. pag. 268.
[11]) cf. Dümmler: Kaiser Otto der Grosse, pag. 334, Anm. 2.

zu suchen; denn wenn diese, wie es auch Waitz annimmt [12], mit dem fünfzehnten Lebensjahre aufhörte, so finden wir doch schon die Regierungszeit Otto's II. vermerkt in einer Urkunde Otto's I. vom Juli 969, also zu einer Zeit, da der junge Kaiser die Mündigkeit noch nicht erreicht hatte. Ich glaube vielmehr, dass auch in dieser Hinsicht die Kaiserkrönung Otto's II. von der entscheidenden Bedeutung gewesen ist. Wenn auch die Jahre seines Imperiums noch nicht sogleich in Urkunden seines Vaters auftreten, so begegnet uns doch schon in der Bulle Papst Johanns XIII. für St. Maximin bei Trier vom 2. Jan. 968 in der Datumszeile die Notiz: Anno imp. mai. 6, min. 1. Vom Juli 969 an finden sich auch in Diplomen Otto's I. ähnliche Zusätze. Ich habe elf hierhergehörige Urkunden gefunden und stelle sie zunächst zusammen:

No. b. St.	Datum	Actum	Regierungsdaten.
471	969 Juli 26	Pavia	ann. imp. Ott. mai, 8, filii . . . 3 statt 2.
475	969 Nov. 3	Chiozzo	ann. Ott. mai. imp. 9, filii . . . 3 statt 2.
478	970 Jan. 17	Pavia	ann. Ott. mai. 9, filii 3
481	970 Jan. 24	Pavia	ann. imp. 9, filii 4 statt 3.
482	„ „ 25	„	„ „ „ „ „ „ „
483	„ „ „	„	„ „ „ „ „ „ „
486	970 März 29	Ravenna	ann. regni (Ott.I) 35 filii 10 st.9, imp.(Ott.II) 4 st.3
498	971 Dec. 1	„	ann. imp. 11, filii 5 statt 4.
505	972 Mai 1	Rom.	ann. imp. Ott. imp. 11, item Ottonis 5.
509	972 Juli 25?	Pavia	„ „ „ „ 11, „ „ quinto.
526	973 März 28	Quedlinburg	ann. Ottonis 12, „ „ 6.

Es fällt auf, dass immer das Jahr des Imperiums Otto's II. angemerkt ist und nur ein einziges Mal das Jahr seines Regnum. Dadurch scheint sich meine Ansicht nur noch mehr zu bestätigen, dass gerade die Erwerbung der römischen Kaiserkrone durch Otto II. massgebend gewesen ist, die Jahre seiner Kaiserherrschaft, wenn auch nur gelegentlich, in Urkunden des Vaters beizufügen. Eine feste Regel, wann es geschehen ist, lässt sich nicht auffinden, und auch hier fehlte in der Berechnung die

---

[12] cf. Verfassgsgesch. VI, pag. 215.

nötige Sorgfalt, denn unter elf Malen ist sieben Mal eine falsche Zeitangabe gesetzt.

Andererseits ist es auch vorgekommen, dass die Regierungsjahre Otto's I. in Diplomen seines Sohnes verzeichnet worden sind. Ich habe fünf solcher Urkunden gefunden, oft recht befremdlicher Natur. In der wichtigen Verbriefung, in welcher der junge Kaiser am 14. April 972 in Rom seiner Gemahlin ein weites Heiratsgut bestimmt (St. 568), heisst es: Dat. 18 Kal. Mai . . . . ind. 15, imp. sanct. genit. nostri Ottonis 11, nostri vero 5 [13]). Die Jahre des regnum beider Herrscher sind dieser richtigen Datirung nicht hinzugefügt.

Anders ist es mit zwei Urkunden aus Sollingen vom 20. und 21. Juli 963 (St. 552 und 553). Vollständig correct ist die Indiction und das Jahr der Königsherrschaft Otto's II. verzeichnet worden. Angefügt ist dann aber noch das Jahr des imp. Otto's I., während dessen Regnum unberücksichtigt bleibt. Ganz auffallend sind zwei weitere Urkunden vom 3. Oct. 968 aus Ravenna (St. 564 und 565). Neben falschen Indictionsangaben, — das erste Mal seht ind. 11, das zweite Mal ind. 10 statt der richtigen ind. 12 —, haben sie beide nur noch die Regierungsdaten Otto's I. (ganz correct ann. regn. 33, imp. 7), ohne weiter auf Otto II. Bezug zu nehmen. Und doch lässt der Context erkennen, dass wir es hier mit Urkunden zu tun haben, welche im Namen Otto's II. ausgestellt sind [14]). In der Kanzlei herrschten damals, was die Datirung der Urkunden anbelangt, keine festen Bestimmungen; und wenn wir nun bemerken, dass in den hier in Frage kommenden Jahren, also 963, 968 und 972, stets verschiedene Kanzler fungirten, erst Lindolf, dann Liudger, dann Willigis, so liegt die Vermutung nahe, dass zu jener Zeit die kaiserlichen Kanzler ganz nach eigener Willkür in der Art der Datirung von Urkunden gehandelt haben, wenn sie überhaupt in dieser Hinsicht Einfluss auf die Unterbeamten gewinnen konnten. Rechtes Interesse an

[13]) Leibniz: Ann. imp. 3,293.
[14]) Jaffé: Dipl. quadr. p. 15 f.

Zahlen und Zeitbestimmungen und rechtes Verständnis für dieselben fehlte gänzlich, nur machte sich hier und da die fortdauernde Macht der Tradition geltend [15]).

Zur Beachtung der mehr oder minder genauen Angabe der Regierungsdaten Otto's II. in dessen eigenen Diplomen ist eine möglichst übersichtliche Zusammenstellung der Urkunden am zweckdienlichsten. Ich lasse zunächst diejenigen Diplome folgen, welche in der Datirung ganz, oder doch annähernd correct sind, und ich werde dabei auch die Indictionsangaben und die Aerenjahre berücksichtigen.

No. b. St.	Datum.	Actum	Ind.	Ann. regn.	Ann. imp.
547	961 Juli 24	Wallhausen	4	1	
552	963 Juli 20	Sollingen	6	3	(Ottonis mai. 2)
553	„ „ 21	„	6	3	(„ „ 2)
556	964 Juli 27	Dornburg	7	4	
560	967 Oct. 15	Brixen	10 st. 11	7	
562	967 Oct. 27	Verona	10 st. 11	7	
563	968 Febr. 16	Benevent	11	—	1
567	970 April 11	Ravenna	13	9	3
568	972 April 14	Rom	15	—	5 (mai 11)
571	973 st. 972 Aug. 14	St. Gallen	15	12	5
572	„ „ „ „ „	„	„	„	„
573	„ „ „ Aug. 17	Reichenau	„	„	„

Wir sehen, bei der grösseren Hälfte der echten Diplome Otto's II. aus dieser Zeit sind die Zeitangaben vollkommen correct in die Datumszeilen eingetragen worden. Nur zwei Mal finden wir bei den oben angeführten Diplomen einen Fehler in der Indictionsrechnung, ebenso zwei Mal in der Verzeichnung der Aerenjahre. Völlig fehlerfrei sind die Regierungsdaten aufgeführt. Wenn auch zwei Mal das Jahr des Regnum fortgefallen ist, so wurde doch wenigstens das Jahr des Imperium richtig vermerkt.

Auffallender zeigt sich eine irrtümliche Datirung in folgenden fünf Diplomen Otto's II., an deren Echtheit nicht wol gezweifelt werden kann.

---

[15]) Vergl. über die Datirung der Urkunden Otto's I Sickel: Beitr. zur Diplomatik VI.

No.b.St.	Dat.	Act.	Ind.	Ann. regn.	Ann. imp
557	965 Mai 25	Ingelh.	—	5 statt 4	
564	968 Oct. 3	Ravenna	11 st.	12 (Otto.mai 33)	(Ottonis maj. 7)
565	„ „ „	„	10 „	12 „ „ „	„ „ „
570	972 Juli 11	Brescia	13 „	15 11 statt 12	4 statt 5
574	„ Oct. 18	Nierstein	15 „	16 13 „ 12	6 „ 5

Ueber zwei Unregelmässigkeiten (St. 564 und 565) habe ich schon oben gesprochen. Dann fehlt einmal die Indiction und das Regnumjahr ist falsch angegeben (St. 557); endlich sind St. 570 und 574 zwar alle Zeitrechnungen vorhanden, aber ganz irrig und nicht zusammenstimmend eingesetzt.

Es ist bekannt, dass Otto I. und Otto II. während ihres gleichzeitigen Herrschens sich ein und derselben Kanzlei bedienten. Was Sickel in seinen „Beiträgen zur Diplomatik" VI. über die Art und Weise der Datirung von Urkunden Otto's I. sagt, gilt daher auch für die Diplome seines Sohnes. Wie wenig einheitlich, consequent, und, was die Rücksicht auf genaue Zeitbestimmungen anbetrifft, sorgsam die obere Leitung in der Kanzlei verfuhr, das zeigt sich daraus am Besten, dass ein und derselbe Kanzler sowol in richtig, als auch in falsch datirten Urkunden erscheint. Man vergleiche nur St. 556 und 557.

Es bleiben mir noch zwei Urkunden zu erwähnen, die ich in den obigen Zusammenstellungen nicht angemerkt habe; einmal das Diplom für das St. Paulskloster in Verdun (St. 569), welches mit dem Actum nach Rom weist, aber ohne alle Daten ist, ferner die Urkunde für das Kloster Nordhausen (St. 551). Ich habe letztere nur in der Form einer kurzen Inhaltsangabe auffinden können, welche Förstemann in seiner Geschichte von Nordhausen 17 anführt. Es heisst dort: Otto II. Romanorum rex . . . , und als Datirung findet sich nur: 962, imp. 2. Ist das Referat einer echten Urkunde entnommen, so würde man statt imp. 2 regn. 2 erwarten, und die Datirung müsste dann zwischen Mai 26 und December 25 962 angesetzt werden. Ist das Incarnationsjahr correct, so würde auch für Otto I. imp. 2 nicht passen, da er erst am 1. Februar 962 Kaiser geworden ist.

Ausser den bisher berücksichtigten Diplomen Otto's II.,

an deren Echtheit zu zweifeln keine genügende Veranlassung ist, finden sich bis zum Mai 973 noch andere Urkunden, welche mehr oder weniger deutliche Spuren der Fälschung tragen. Wenn z. B. im Texte die Bestätigung einer Schenkung an den Bischof von Bergamo (St. 566) im Jahre 968 Otto's I. schon als eines Verstorbenen gedacht wird, und ferner die Bestätigung auf Bitten der Theophano, als der Gattin Otto's II., Statt gefunden haben soll; wenn weiter (St. 558) schon im Jahre 966 Otto II. imperator genannt wird und eine Schenkung einem Abt Erchembald von Fulda gemacht wird, der erst 997 sein Amt antritt, — so werden wir diesen Verbriefungen von Vorn herein mit vollem Recht das grösste Mistrauen entgegentragen. Nicht so steht es mit drei Urkunden des Jahres 961. (St. 548 bis 550). Das Actum weist übereinstimmend nach Wallhausen. Bis in die neueste Zeit sind diese Diplome meist für Fälschungen oder Corruptionen erklärt worden, so von Waitz in Rankes Jahrbüchern I, 3, p. 218 Ann. 3, von v. Leutsch: Markgraf Gero III., not. 191 und von Stumpf. Der Grund dafür war, dass Otto I. bereits imperator augustus genannt wird. Wenn v. Heinemann: Markgraf Gero, pag. 215 die Urkunde St. 549 in ihrer Echtheit stützen will, indem er annimmt, in der Urkunde sei das Jahr von Ostern an gerechnet, und die Ausstellungszeit falle zwischen Februar 2 und März 30 962, so ist ihm Stumpf mit Recht entgegengetreten mit der Bemerkung, in dieser Zeit wäre der Kanzler Liudolf mit Otto I. in Italien gewesen. Ficker sucht in seinen „Beiträgen zur Urkundenlehre" I, pag. 11, 154 und 158 f. mit anderen Gründen die Echtheit aller drei Urkunden zu verteidigen. Es scheint ihm unmöglich, dass zufällig zwei Fälscher, der eine von St. 548, der andere von St. 549 und 550, „gleichzeitig darauf verfallen seien, eine und dieselbe zum Incarnationsjahre nicht passende Indiction (Ind. 3 statt 4) zu nennen, dass beide zufällig keinen Tag genannt haben, dass beide wieder zufällig auf die zum Jahre noch nicht passende Erwähnung des Kaisers verfallen seien." Er würde die Urkunden eben wegen jenes anscheinenden Widerspruches für echt halten, wenn sich auch von keiner das Original erhalten hätte. Auch wird in allen drei Diplomen die Datirungsformel mit Actum eingeleitet, und mir scheint, man müsse sich nun der Erklärung Fickers anschliessen, „dass zwar die Handlungen 961 fallen, die Beurkundungen aber frühestens 962 nach geschehener Kaiserkrönung, und dass man nach der Handlung datirte. Auch das ungewöhnliche Fehlen der Tagesangabe erklärt sich dann leichter." (pag. 159). Diese Erklärung Fickers billigt auch Sickel, und sie scheint ihm vollends durch die Verschiedenheit der Siegel von St. 547 und St. 549 bestätigt[16]).

Eine Urkunde Otto's II. vom 25. Oct. 967 aus Verona für den Abt Geilo, welche der Abtei Weissenburg ihre Freiheiten und Besitzungen bestätigt (St. 561), scheint Stumpf für echt zu halten, denn er fügt ihr nicht das Zeichen der Verdächtigung bei. Dümmler (Kaiser Otto der Grosse, pag. 424 Anm. 1.) hat die Gründe sorgsam zusammengestellt, weshalb sie sich als Fälschung erweist, welcher vielleicht eine echte Vorlage zu Grunde gelegen hat.

Schliesslich erwähne ich noch eine Urkunde für den Bischof Hartbert von Chur, welche Stumpf unter Nr. 559, vom 3. August 966 datirt, Otto II. zuschreibt und deren Echtheit er bezweifelt. Sickel hat neuerdings ausführlich über dieses Diplom gehandelt[17]). Nach Einsicht des Originales ist er zu der Ansicht gelangt, die Urkunde sei im Namen Otto's I., und zwar wahrscheinlich am 3. August 956 in Frose ausgestellt worden.

---

[16]) Sickel: Beiträge zur Diplomatik VI, pag. 45.
[17]) A. a. O. pag. 40 ff.

Durch gütige Mitteilung meines hochverehrten Lehrers, des Herrn Professor Georg Voigt in Leipzig, bin ich in den Stand gesetzt, hier noch für die von mir behandelte Zeit auf eine Rechtsurkunde hinzuweisen, welche, wie ich glaube, in neuerer Zeit keine Beachtung gefunden hat. Es ist das eine im Namen der Kaiser Otto I. und Otto II. gegebene Verbriefung eines Gütertausches zwischen Adelgrausus, dem Bischof von Lodi, und dem Presbyter Richard, Officialen der Kirche St. Georgii, vereinbart auf einem Reichsgerichtstage zu Mailand. Schon 1745 ist diese Urkunde durch den Druck veröffentlicht worden, meines Wissens das erste und einzige Mal in: Argelati Bibliotheca scriptorum Modiolanensium, tom. I, pag. CCLXXXIII ff. Nach eigener Angabe im Argelatus fand sich eine Abschrift des Originales im Archiv des Klosters St. Georgii in Palatio. Dass von dieser Veröffentlichung weiter keine Notiz genommen wurde, erklärt sich aus dem Umstande, dass man wol am Wenigsten gerade in diesem Teile des Werkes des Argelatus neues Material zur Geschichte der Ottonischen Zeit zu finden hoffen durfte. Denn dieser Teil der Bibliotheca trägt den Titel: Historia Typographico-Literaria Mediolanensis ab anno 1470 usque ad annum 1500 und enthält zum grössten Teil Bemerkungen über die um diese Zeit in Mailand lebenden angesehenen Männer und deren Schriften, die in der dortigen Bibliothek verwahrt wurden. Ganz zufällig also kann man hier nur auf eine Urkunde aus der Ottonenzeit stossen. Und wirklich finden wir sie auch nur angeführt, um leeren Raum auszufüllen. Zum Jahre 1487 nämlich (Argelatus pag. 281), heisst es: Neminem ferme hic annus exhibet ex doctis Mediolani degentibus viris, qui nova fruge, aut sua, aut aliena, litcrariam auxerit messem. Und gleich darauf: Interim ne vacuum omnino literaria cruditione hunc annum dimittam, proferre lubet hoc loco vetustam Chartam . . . Dann folgt nach einigen Vorbemerkungen die Urkunde selbst, von welcher ich hier nur den Anfang und das Ende gebe:

In Christi nomine: Otto Dei gratia Imperator Augustus, anno Imperii eius nono, et item Otto Imperator filio eius anno Imperii eius tertio, octavo Kal. Februarias Indictione XIII. Commutatio bone fidei noscitur esse contractus, ut vice emptionis obtineat firmitatem eodemque nexu obligat contrahentes. Placuit itaque et bona convenit voluntate inter Domnus Aldegrausus Sanctae Laudensis ecclesie episcopus, nec non et Richardus presbiter de inter Decumanos sancte Medioianensis ecclesie Officiale ecclesie St. Georgii et filius quondam Boniperti, ut in Dei nomine debeat dare, sicut et a presenti dedit is ipso Domnus Aldegrausus Episcopus eidem Richardo Presbitero in causa commutationis presenti de suo iure habendum etc. . . . Quidam et ut ordo legis deposcit et ad hanc providendam commutationem accessit super ipsis rebus, id est Abo humilis Diaconus de ordine eiusdem Sanctae Laudensis Ecclesie, Missus idem Domni Adelgrausi Episcopi una simul cum alii Dominum timentes homines extimatores, quorum nomina subterhabentur, quibus ab ipso Misso comparuit et ipsis extimatores extimaverunt, eo quod de melioratam et ampliatam causam reciperet ipse Domnus Adelgrausus Episcopus ab eodem Richardo Presbitero a parte ciusdem Episcopati habendum, quam ei daret et Legibus commutatio hec fieri posset . . . Et spoponderunt ipsis comutatores sibi universis averis cum heredibus et successoribus, casis et rebus, Castrum et Capellis, sicut superius legitur, ab omni homine defensare, iuxta Lex, de quibus et pena inter se obligaverunt, ut quis ex ipsis, aut heredes, vel successores suorum de hac comutatione removere quesierint et non permanserint in eo omni, qualiter superius legitur, vel si ab unumquemque hominum Casis et rebus ipsis, sicut superius legitur, non defensaverint, ut componat illa pars, quae non conservaverit a parte fidem servanti dublis ipsis

Casis et rebus, Castrum et Capellis, sicut superius legitur, sicut pro tempore fuerint melioratis aut valuerint sub estimatione in oisdem locis, quia sic inter eis stetit et convenit.
Actum Civitate Mediolani.
Adelgrausus humilis episcopus a me facta subscripsi.
Abo diaconus missus sui ut supra et subscripsi.
Jonam Iudex Domnorum Imperatorum extimavi et subscripsi.
Grimoaldus Iudex Domn. Impp. extimavi et subscripsi.
Liuprandus   „   „   „   „   „   „
Andreas   „   „   „   „   „   „
Giselbertus qui et Gezo „   „   „   „   „
Eginulfus Iudex   „   „   „   „   „
Aribertus   „   „   „   „   „   „
Lazarus -   „   „   „   rogatus subscripsi.
Anselmus Notarius rogatus subscripsi.
Arnaldus Notarius Domnorum Imperatorum rogatus subscripsi.
Herlembaldus Notarius rogatus subscripsi.
Tebaldus rogatus subscripsi.
Marinus   „   „
David Iudex Domnorum Imperatorum rogatus subscripsi.
Auleramus Notarius et Iudex Domnorum Imperatorum scripsi: post traditum complevi et dedi.
Giselbertus qui et Gezo Iudex Domnorum Imperatorum hunc exemplo ex autentico edita subscripsi et me in ipso autentico pro estimatorem subscripsi, et sic inibi continebatur, sicut in ista habetur exempla extra Litteras plus minusve.
Marinus in hac exempla ex authentico edita subscripsi et in ipso authentico 'me rogatus subscripsi, et sicut continet in ipso authentico sicut in ista legitur exempla extra Litteras plus minusve.
Anselmus Notarius in hac exempla ex autentico edita subscripsi et in ipso autentico me rogatus subscripsi, et sic continet in ipso autentico sicut in ista legitur exempla extra Litteras plus minusve.

(S.) Ego Ambrosius de Valnexio Sacri Palatii Notarius Autenticum huius exempli videns legi et sic in eo continebatur, sicut in isto habetur exemplo extra Litteras plus minusve.

Was zunächst die Datirung dieser Urkunde anbetrifft, so weichen die Angaben für die Regentenjahre beider Herrscher von einander ab. Das neunte Jahr des Imperiums Otto's I. fällt zwischen dem 2. Februar 970 und 2. Februar 971, das dritte Jahr des Imperiums Otto's II. aber zwischen 25. Dec. 969 und 25. Dec. 970. Da nun die Urkunde als Tagesdatum octavo Kal. Februarias, also den 25. Jan. angibt, so sind die Regentenjahre mit einander nicht zu vereinigen, wenn auch die Ungenauigkeit nur auf ein paar Tage zurückzuführen ist. Dennoch scheint mir die Urkunde in das Jahr 970 zu gehören; denn ziehen wir die Angabe der Indiction als der dreizehnten hinzu, so passt diese vollkommen zum 25. Jan. 970, als auch zum Beginne des dritten Jahres der Kaiserherrschaft Otto's II. Gerade weil das Versehen bei der Berechnung des Imperiums des älteren Otto nur auf einem Irrtum in wenigen Tagen beruht, wird eine Ungenauigkeit der Kanzlei in diesem Punkt um so eher anzunehmen sein. Das Itinerar der beiden Kaiser kommt bei der Frage nach der richtigen Datirung dieser Urkunde gar nicht in Betracht, weil im ganzen Diplom keine Andeutung dafür zu finden ist, dass die Kaiser bei dem Gerichtstage anwesend waren.

Dass wir hier nicht eine Originaltauschurkunde vor uns haben, geht schon aus den letzten Unterschriften hervor. Unser Diplom ist ganz ähnlich dem, welches Ficker in seinen „Forschungen" IV, pag. 33 Nr. 27 veröffentlicht hat. Es wird nur ein vorgelegtes Exemplar einer Tauschurkunde als echt anerkannt. Ausser dem local nord-italienischen Interesse hat es für uns nur rechtsgeschichtliche Bedeutung.

Excurs II.

Ueber die Quellen, welche in den Quedlinburger Annalen neben dem Hersfelder Annalenwerke benutzt sind, und über die selbständigen Notizen aus Quedlinburg bis zum Jahre 973.

Die Quedlinburger Annalen gehören in ihren älteren Teilen zu derjenigen Gruppe von geschichtlichen Ueberlieferungen des Mittelalters, bei welcher wir mit Sicherheit auf früher vorhanden gewesene, uns aber jetzt in ihrer ursprünglichen Form verloren gegangene Aufzeichnungen vom Kloster Hersfeld schliessen können. Es sind besonders sechs Annalenwerke, die hier in Betracht kommen, die Annales Hildesheimenses, Quedlinburgenses, Weissenburgenses, Ottenburani, Altahenses maiores und die des Lambert. Es ist schon versucht worden, das Verhältnis, in welchem diese annalistischen Aufzeichnungen unter einander stehen, genauer darzulegen. Besonders hat Waiz für einen Teil dieser Quellen, für die Hildesheimer, Quedlinburger, Weissenburger Annalen und für die des Lambert in einer längeren Untersuchung Resultate gewonnen, welche auch heute noch für eine sichere Grundlage jeder weiteren Forschung gelten können. [1)]

Ein älteres Exemplar der Hersfelder Annalen, so meint

[1)] Vergl. Waitz: „Hersfelder Annalen im Archiv. Band 6. pag. 663 ff. Im Wesentlichen schliessen sich an Waitz an Wattenbach: Deutschlands Geschichtsquellen I, pag. 181 u. 252, und Giesebrecht: Geschichte der deutschen Kaiserzeit I⁴, pag 784.

Waitz, habe bis 973 gereicht; aus diesem sei ein zweites genommen worden, das bis 984 fortgesetzt wurde, und welches den Weissenburger Annalen und dem Lambert zu Grunde gelegen habe. Gleichmässig aber hätte jenes ältere Original eine Fortsetzung bis 990 erhalten, und aus dieser hätten dann die Annales Hildesheimenses und Quedlinburgenses geschöpft. Waitz macht dieses Verhälsnis durch folgende Zeichnung anschaulich:

Annal. Hersfeld. — 973:   contin. — 990

Annal. brevior. cont. — 984.

Ann. Weissenb.   Lambert v. Hersf.   Ann. Hild.   Ann. Quedl.

In neuerer Zeit aber, da für die Frage nach der ursprünglichen Gestalt der Hersfelder Annalen noch andere Quellen in Betracht zu ziehen sind, nämlich die Annales Ottenburani und Altahenses maiores, ist eine gründliche neue Forschung durchaus wünschenswert geworden. Die Arbeit würde einen weiten Umfang annehmen, aber um so gewinnreicher sein, da sie auch auf die von den Hersfelder Annalen benutzten Quellenwerke einzugehen hätte.[2] Mir liegt eine solche Arbeit augenblicklich ferner; da aber die Quedlinburger Annalen für die Geschichte der drei letzten Kaiser aus dem sächsischen Hause eine der hauptsächlichsten Fundgruben bilden,[3] so habe ich zunächst auch den älteren Teil dieser Quelle bis 973 näher geprüft. Bei einer Vergleichung mit den übrigen Hersfelder Ableitungen bis zum genannten Jahre hin lassen sich in den Quedlinburger Annalen Notizen erkennen, die sich in dem Hersfelder Quellenwerke nicht gut finden konnten, weil sie in den fünf übrigen Annalen auch nicht mit einem Worte angedeutet sind. Sie müssen sich also auf andere, teils noch erhaltene, teils verlorene historische Ueber-

---

[2] Auch über die Quellen der Hersfelder Annalen hat Waitz im Archiv VI. pag 675 ff. gehandelt.

[3] Dass die grosse Lücke in den Ann. Quedl. v. 961—983 durch Hülfe abgeleiteter Quellen, besonders des Annalista Saxo u. der Magdeb. Annalen ergänzt werden könne, zeigt Waitz a. a. O. pag. 690 f.

lieferungen zurückführen lassen. Weiter kommt nun noch hinzu, dass vom zehnten Jahrhundert an ziemlich zahlreiche, wichtige aus Quedlinburg selbst stammende Nachrichten dem Werke eingestreut sind. [4] Auch die übrigen der sechs angeführten Annalenwerke haben mehr oder weniger zahlreiche, ihnen allein eigentümliche Nachrichten aufzuweisen, doch treten in dieser Beziehung die Quedlinburger Annalen durchaus in den Vordergrund. Pertz hat in der von ihm im 3. Bande der Monumente, pag. 33 ff. besorgten Ausgabe vom Jahre 702—814 die Quedl. und Weissenb. Annalen und Lambert, von 815 aber bis 973 und weiter bis 984 ausser diesen auch noch die Hildesh. Annalen neben einander abgedruckt. Ein Blick auf diese Zusammenstellung schon wird zeigen, dass meistens die Spalten, welche die Quedl. Annalen enthalten, räumlich die ausgedehntesten sind; und dieses Verhältnis würde sich in keiner Weise ändern, wenn auch noch die Ottenburani und Altahenses mai. zur Vergleichung herangezogen würden [5]. Es wird hier eben schon durch den Augenschein bestätigt, dass die Aufzeichnungen in Quedlinburg sowohl ausführlicher denselben Stoff behandelten, als die anderen Annalen es getan, wie dass in ihnen sich eine verhältnismässig grosse Zahl von Sondernotizen befindet. Erweiterungen der Nachrichten im Vergleich zu den übrigen Ableitungen aus der Hersfelder Quelle kommen in den Quedlinburger Annalen zwar vor, sind aber meist sehr geringfügiger Natur und werden fast immer in der Hersfelder Vorlage ihren Ursprung haben. Auf einzelne, auffallende Erweiterungen ist weiter unten einzugehen.

Einige Zusätze der Quedlinburger Annalen lassen sich im letzten Grunde zweifellos auf die Ann. Laureshamenses, oder auf

---

[4] Dankenswerte Anhaltspunkte gibt hier Waitz in seinen „Zusätzen der abgeleiteten Quellen". Archiv VI, pag. 684 ff. und Lappenberg: Ueber das Chronicon Quedlinburgense, ibid., pag. 635 ff.

[5] Nur in den letzten Jahren bis 973, wo in den Quedl. die Lücke ist, haben die Altah. manche selbständige Notiz.

Annalen zurückführen, welche mit diesen eine durchaus ähnliche Gestalt hatten, so 731 die Notiz: et Raginfridus mortuus est (Lauresh: S. S. 1, 24: Raganfridus mortuus) und 736 Audoinus episcopus obiit, wo die Ann. Alamannici denselben Wortlaut haben (S. S. I, 26), die Laureshamenses einen ähnlichen (S. S. I, 26): Audoinus episcopus mortuus. Lappenberg hat zwar die Nachricht der Quedlinburger zu 760: Pippinus in Wasconiam venit aus den Ann. Augienses entstammend erachtet^a) mir scheint sie jedoch auch den Lauresh. entnommen worden zu sein, denn bei beiden findet sich der Zug übereinstimmend zum Jahre 760 erwähnt, während ihn die Augienses in das Jahr 759 setzen. Zweifelhafter und nicht mit völliger Sicherheit zu entscheiden ist der Zusatz zu 724 über den Einfall der Saracenen in Italien. Dem Ausdrucke nach stimmen Quedlinb. und Augienses überein. Beide haben Sarraceni primitus *ingrediuntur*, nur setzen die Quedlinb. noch Italiam hinzu. In den Lauresh. aber heisst es (S. S. I, 24): Saracini *venerunt* primitus. Da nun aber in der Chronologie Lauresh. und Augienses zusammen passen, indem sie beide das Factum um 725 ansetzen, die Quedl. jedoch dem entgegen um 724, so werden wir, wenn eine Benutzung einer jener Annalen durch die Quedlbg. Statt gefunden hat, uns mit ziemlicher Wahrscheinlichkeit für die Benutzung der Aug. entscheiden müssen⁷). Noch verwickelter aber ist die Sache bei der Angabe der Quedlinb. zu 746. Hier stimmen die Lauresh. mit den Quedlinb. zwar chronologisch, nicht aber dem Wortlaute nach überein, hingegen treffen die Augienses mit den Quedlinb. dem Wortlaute nach, nicht aber chronologisch zusammen. Das Verhältnis stellt sich folgendermassen:

---

^a) c. f. Archiv VI, pag. 642.
⁷) Möglich bleibt immer noch die Annahme, die Quedl. hätten eine Quelle benutzt, welche den Einfall der Saracenen in Italien auf 724 ansetzen. Bei dieser Annahme liesse sich dann auch der Zusatz Italiam in den Quedlinb. erklären, der in den anderen Ueberlieferungen fehlt. Ich habe aber eine solche Quelle nicht gefunden.

Ann. Quedl.	Ann. Lauresh.	Ann. Augienses.
746 Carolomannus Alamanniam ingreditur.	746 Carlomannus intravit in Alamannia.	745 Carlomannus Alamanniam ingreditur

Ein festes Resultat ist auch hier nicht zu gewinnen. Waitz hat die Ann. Lauresh. in der Gestalt, wie sie uns jetzt vorliegen, oder in einer verwandten, als eine Quelle der verlorenen Hersfelder Aufzeichnungen nachgewiesen [8]). Das kann unsere Vermutung nur bestärken, dass alle bisher erwähnten Zusätze zu den Quedlinburger Annalen nicht direct aus den Lauresham. oder ähnlichen, sondern indirect aus ihnen durch die Hersfelder geflossen seien.

In diesen Zusammenhang gehört endlich noch die Quedlinburger Nachricht zu 714, die bei Gelegenheit des Todes Pippins, den auch die übrigen Hersfelder Ableitungen erwähnen, hinzusetzt: qui (Pippinus) fuit filius Ansgisi. Sie stammt wol aus den Ann. Laurissenses min., welche gleichfalls zum Jahre 714 angeben (S. S. I, 114): Pippinus, dux Francorum, filius Ansgisi. Auch diese kleineren Laurissenses sind, wie Waitz gezeigt hat [9]), noch später wiederholt Quelle für die Hersfeld gewesen, und so liesse sich auch dieser Zusatz noch durch Vermittelung der Hersfelder Quellenschrift in die Quedlinburgenses übertragen denken [10]). Seltsam bleibt es dabei immer, dass diese Angaben sich in keiner weiteren Ableitung aus Hersfeld finden.

Die verhältnismässig grosse Zahl der übrigen Zusätze zu den Quedlinburger Annalen lässt sich nicht weiter auf Hersfelder Ueberlieferung zurückführen; denn da, wo wir ihren Ursprung erkennen, vermögen wir nicht nachzuweisen, ob überhaupt die Quellen, aus denen die Quedlinb. schöpften, auch den Hersfelder Schreibern zu Grunde gelegen haben. Es ist sogar wenig Wahrscheinlichkeit dafür vorhanden, denn sonst würden

---

[8]) cf. Archiv VI, pag. 676 f.
[9]) cf. Archiv VI, pag. 677 f.
[10]) Endlich auch noch 765 der Zusatz: cui Lull successit, wo die Lauriss. min. (S. S. I, 116) haben: post quem Lulus episcopus annos 32.

wir, wie gesagt, doch irgend eine Spur ähnlicher Nachrichten in den Weissenburgenses, im Lambert u. s. w. entdecken müssen. Wir können uns unter diesen Umständen in der Hauptsache nur bescheiden, die Quellen anzugeben, aus welchen die Quedlinburger Sondernachrichten stammen konnten.

Zunächst müssen wir unbedingt die Ann. Augienses für eine Quelle der Quedlinburger Aufzeichnungen anerkennen. Scheinen schon die oben angeführten Notizen zu 746 und 760, wenn auch mit nur geringer Wahrscheinlichkeit darauf hinzudeuten, so geben die Nachrichten zu den Jahren 829 und 860 den sichersten Anhalt hierfür. Wörtlich und chronologisch stimmen hier beide Annalen überein. Zu 829 heisst es sowol in den Quedlinb. als auch in den Aug. (S. S. I, 67): Pretiosa corpora sancti Valentis et Senesii in Augeam insulam venerunt 5. Id. Aprilis; und 860: Maginradus heremita martirizatus est. Die Uebertragung einer Localnachricht aus Reichenau in das Quedlinburger Annalenwerk spricht um so mehr dafür, dass hier eine directe Benutzung der Augienses durch die Quedlinb. statt gefunden habe. Eine freiere Benutzung ist zum Jahre 872 zu erkennen, in welchem der Brand von Worms erwähnt wird. Ictu fulminis Wormatia comburitur heisst es in den Quedlinb., in den Aug. hingegen (S. S. I, 68): Ictus fulminis Wormatiam combussit; ebenso zum Jahre 910, wo es in den Quedlinb. Franci ab Ungaris occisi et fugati sunt, in den Aug. (S. S. I, 68): Franci ab Ungaribus aut occisi aut fugati sunt heisst; endlich auch 917, wo die Quedl. Ercancharius, Bartholdus et Lutfridus capite plectuntur, die Aug. (S. S. I, 68) Erchanger et Peratolht decollati sunt schreiben. Ein Anklang an die Aug. liesse sich in den Quedlinb. auch noch 788 finden. Hier wird der Ausgang des Herzogs Tassilo und seines Sohnes erzählt, der auch in den Altah. maiores kurz berührt wird. Diese Nachricht wird aber in den Quedlinb. allein durch die Worte eingeleitet: Carolus per Alamanniam pervenit ad fines Baioariae, Worte, die ganz genau einer Notiz in den Aug. zum Jahre 786 gleichen. Da die Quedlinb. 787 Karl in Apulien und Calabrien sein lassen, so können wir uns sehr wol denken, dass der Quedlinburger Schreiber, um einen passenden Uebergang für die Nachricht zu 788 über Tassilo zu gewinnen, die Angabe der ihm vorliegenden Aug. 786 benutzt habe.

Der grösste Teil der Sondernachrichten der Quedlinb. im achten Jahrhundert und auch noch eine ziemliche Anzahl im neunten, gehen auf die Ueberarbeitung der sogenannten Königsannalen (Ann. Laurissenses maj.) zurück, welche man gewöhnlich dem Einhard zuschreibt, und welche unter dem Namen Einhardi Annales in den Monumenten gedruckt ist. Dass die den Quedl. hier vorliegende Quelle nicht die Laurissenses gewesen sein können, wenigstens nicht immer, geht aus dem Umstande hervor, dass sich in unseren Annalen Stellen befinden, die nicht in den Laurissens., wol aber in Einhards Ueberarbeitung enthalten sind. Ich führe als Belege an: 782, wo nur im Einh. von *vier* Anführern Karls die Rede ist; 790, wo gleichfalls nur im Einh. der Brand der Pfalz in Worms erwähnt wird; 795 (Bardowyk), 796 (der Ausdruck *vastat*). Andererseits ist aber in die Quedl. keine Nachricht aus den Laurissenses aufgenommen, welche sich nicht auch in den Ann. Einhardi fände, und so komme ich zu dem Schluss, dass im letzten Grunde Einhard, nicht die Laurissenses, Quelle der Quedlinb. gewesen sind. Ich stelle hier die Nachrichten zusammen:

774 . . . . quam (d. h. die Kirche zu Fritzlar) sanctus Bonifacius aedificavit et dedicavit. (Einh. Ann. S. S. I, 153).

775. Carolus Siburck cepit et iuxta Brunesberch Saxones bello vicit . . . . . . bis: occurrit. (S. S. I, 155).

776 Sed prius Heresburg ceperunt, militibus regis, qui intus erant, interfectis.

778 . . . . . inde Ducciam et Confluentiam . . . . comiserunt.

779. Carolus contra Saxones iuxta Bocholt pugnavit et vicit.

780. Carolus inter Arae et Albiae confluentiam Saxones baptisari fecit.

782. Widekind cum Saxonibus quatuor praefectos . . . interfecit.

784. Carolus per Thuringiam .... qui dicitur Dreini.
785. Postea rex ..., subiugata est.
787. Carolus omnem pene Calabriam ... suscepit.
789. ... duobus super Albiae flumen pontibus factis.
790. Palatium Wormatiae ignis consumpsit.
793. Saxones iterum .... fide.
794. Et aequivocus eius pugnavit contra Saxones in Sinadevelde.
795. Carolus in Bardenwick cum exercitu venit.
796. Hadrianus papa .... vastat.
797. Carolus iterum .... ducit.
798. Carolus Nordelingos .... prostravit.
799. Paderborn anstatt Heristall, wie bei Lambert und Anderen erwähnt. Dann: quem rex honorifice susceptum .... interfecti sunt.
800. Carolus .... Leonem papam.
801. In die natalis Domini ad missam ... patricii nomine dempto.
804. .... qui in Wimadi habitabant ... corumque pagos Abodritis dedit.
805. .... cum Francis et Saxonibus .... revertitur.
808. Carolus .... ad patrem.
810. .... et Pippinus .... obiit.
811. Carolus .... obiit.
812. Eclipsis solis post meridiem fuit.
813. .... mense Maio .... Et imperator ... bis fecit.
818. Ludowicus imperator .... facta est.
820. Isto anno .... consumpsit.
823. Ludowicus imperator ... supposuit.

Halten wir alle die hier angedeuteten Nachrichten der Quedlinb. mit denen Einhards zusammen, so bekommen wir die Vermutung, dass unserem Annalisten ein kurzes Excerpt aus Einhard vorgelegen habe. Denn es sind hier nur die hauptsächlichsten Tatsachen aus Einhard in gedrängter Kürze erwähnt. Weiter unten werden wir darauf zurückkommen.

Im neunten und zehnten Jahrhundert treten für die Quedlinb. auch Ann. aus Corvey als Quelle deutlich hervor. Lappenberg hat die hierhin gehörigen Jahre 809, 844, 865, 866, 912, 930, 933, 937 und 955 meist schon zusammengestellt; es genügt daher, hier darauf hinzuweisen [11]. So weit können wir die Sondernachrichten der Quedlinb. auf andere, uns noch jetzt bekannte Quellen zurückführtn. Aber es müssen dem Annalisten noch weitere Werke zugänglich gewesen sein, die uns jetzt verloren sind. So deuten die Jahre 852 (Inchoatio Gandersheimensis monasterii in antiquiori loco et adventus sanctorum confessorum Anastasii et Innocentii) und 940 (Dedicatio Gandersheimensis eclesiac) entschieden auf eine Gandersheimer Quelle zurück. Bedeutendez noch sind die Beziehungen, die sich in manchen Nachrichten der Quedlinburger zu Halberstädter Ueberlieferungen finden. Ganz klar tritt dieses in den auch schon von Lappenberg angeführten Jahren 853 und 923 hervor, nicht minder deutlich aber ferner 781, wo eine genaue Grenzbestimmung der Halberstädter Diöcese gegeben wird; 827, 840, überall sind hier die Bischöfe von Halberstadt erwähnt. Diese Erscheinung kann uns nicht überraschen, wenn wir betonen, dass Quedlinburg zum Halberstädter Sprengel gehörte und daher leicht Kenntnis der jedesmaligen dortigen Bischöfe haben konnte. Aber die Benutzung einer ausführlicheren Quelle aus Halberstadt ergibt sich deutlicher, wenn wir noch andere Quedlinburger Sondernachrichten heranziehen. Zum Jahre 803 heisst es: Carolus conventu habito in palatio Salz Saxones antiqua libertate donavit cosque pro conservanda fide catholica ab omni solvit tributo, excepto, quod illos omnes, divites ac pauperes, totius suae culturae ac nutriturae decimas Christo et sacerdotibus eius fideliter reddere iussit. Ferner wird Kaiser Karl im Jahre 814 als Saxonum apostolus bezeichnet. Beides, die erste ausführliche Nachricht sowol, als auch die letztere Be-

---

[11] Cf. Archiv 6. pag. 641. Das Jahr 865 ist von Lappenberg übersehen. 913. das Todesjahr Herzog Otto's, rechne ich nicht hierbin (siehe weiter unten).

zeichnung für Karl, ist in dem Gedichte des Poeta Saxo erwähnt (S. S. I, pag. 260 und pag. 267). Simson hat nun erwiesen, dass dem Verfasser dieses Gedichtes von 801 an nicht mehr die Ann. des Einhard, sondern den Hersfeldern verwandte, vermuthlich Halberstädter Annalen vorgelegen haben [12].

Aus diesen werden die beiden Angaben der Quedlinburger stammen, sowie auch die übrigen Notizen über die Bischöfe von Halberstadt. Ja, ich vermute selbst, alle Nachrichten der Quedl., die ich im letzten Grunde als auf Einhards Annalen beruhend angenommen habe, werden hier ihren nächsten Ursprung finden. Ein Halberstädter Annalist kann sehr wohl Einhard excerpirt haben, und diese Excerpte sind dann in die Quedlinb. übergegangen. Genaueres lässt sich erst dann feststellen, wenn die Frage über die Halberstädter Quelle mehr geprüft und entschieden sein wird. Ist meine Vermutung richtig, so könnten wir auch die Notiz zu 791 von den 4 Söhnen Karls, 802 von der Uebergabe Jerusalems an Karl durch Harun, 794 von Karls Ehe mit Liudgarda auf diese Halberstädter Nachrichten zurückführen. Denn das sind lauter Angaben der Quedl., welche wir sonst nicht gut werden belegen können. Der Vertrag von Salz ist übrigens auch in der erst im 13. Jahrhundert entstandenen Chronik von Halberstadt erwähnt, ebenso ist auch dort Karl der Apostel der Sachsen genannt. Vielleicht hat damals noch das uns verlorene Halberstädter Annalenwerk existirt.

Auf andere Quellen vermag ich folgende Angaben der Quedl. nicht zurückzuführen.

856 Leo papa obiit.

918 Einhardus episcopus occiditur.

944 Graecorum rex Ottoni regi xenia misit. Eine griechische Gesandtschaft ist vom Lambert und von den Hildesh. ins Jahr 945 gesetzt. Andere Ueberlieferungen erwähnen sie, so viel ich weiss, nicht.

---

[12]) Forschungen I. 301 ff. Wattenbach: d. G. I³, pag. 193.

[13]) Nur 802 liesse sich vielleicht noch aus dem Poeta Saxo (S. S. I, 260) erklären.

Jetzt bleiben bis zum Jahre 962, von wo die grosse Lücke in den Quedl. beginnt, noch weitere Zusätze übrig, die mir entschieden selbständige Angaben des Quedlinburger Annalisten zu sein scheinen. Einmal berühren sie die Quedlinburger Localgeschichte, und dann geben sie uns eine Fülle von Nachrichten, welche die Familie der Ottonen sehr nahe berühren. Diese letzteren sind in einem überschwänglich preisenden Tone gehalten, voll Bewunderung für die Glieder des Kaisergeschlechtes. Wir können uns darüber nicht wundern, denn Quedlinburg hatte mannigfache Beweise der Gnade durch das kaiserliche Haus erhalten. Oefter hatte der Hof hier für längere Zeit verweilt, und später ist diese Stadt wiederholt auf lange Jahre der bleibende Sitz für die Kaisertöchter geblieben, indem immer eine derselben dem St. Servatiuskloster als Aebtissin vorstund. Da mögen manche Nachrichten über das Geschlecht der Ludolfinger sich durch mündliche Tradition erhalten haben, manche mögen aber auch dem Annalisten von der Aebtissin mitgeteilt sein.

Ich stelle hier zusammen, was ich an solchen Sondernachrichten in den Quedlinburger Annalen gefunden habe:

913. Otto ducum praecipuus, de quo velut fertilissimo quodam stemmate imperatoria illa Ottonum propago, totius Europae terminis non modicum profutura, processit, onus limosae molis abiecit. Domina Oda, mater scilicet ipsius, obiit anno 107 vitae suae. Otto rex et imperator futurus natus est. Der Tod Herzogs Otto, aber nur dieser allein, wird auch in den übrigen Hersfelder Ableitungen erwähnt, in ihnen jedoch übereinstimmend zum Jahre 914.

919 Conradus rex moriens, quem non propinquitatis suae iura, sed invictae fidei eximiaeque virtutis munia prae ceteris admodum commendaverant, sceptris ac regno Heinricum feliciter potiturum, sibi succedere deliberavit, hisque rite per omnia dispositis viam totius carnis ingreditur. —

920 Post excessum Conradi regis praefatus Saxoniae ducis filius ac Franciae dominus Heinricus communi senatus ac plebis assensu electus et unctus in regem, quanta terra marique vic-

toria deinde nituerit, quanta domi militiaeque subiectos industria rexerit, dictis ac scriptis inexplicabile constat.

929. Otto rex Editham, filiam regis Anglorum, matrimonio sibi iungendam Saxoniae advexit. [14])

936 (937) Heinricus rex obiit 6 Non. Julii, cuius filius Otto pacificus, Saxoniae decus, iure haereditario paternis eligitur succedere regnis. Mechtild, inclita regina, obennte coniuge suo, praefato scilicet Heinrico rege, coenobium in monte Quedelingensi, ut ipse prius decreverat, sancta devotione construere coepit. Hoc regnum gentibus esse voluit, hoc totis viribus fovit. Ibi, quia bene nata raro ac difficillime degenerare noverat, non vilis personae, sed summae ingenuitatis tirconculas canonicae religioni rite deservituras delegit, easque usque ad extrema vitae istius caducae materno more spiritualium nec non carnalium copiis commodorum enutrire non destitit.

937. Everhardus dux Francorum et Wigmannus Saxonicus atque improbus Thancmer inani consensu conspiravere in regem, sed Dei gratia cito revelante regi illa iniqua conspiratio sapienter oppressa est, Nam Tankmer miserabiliter occisus, alii autem truncati, suspensi sunt. Everhardus privatus honore degradatus est. Wigmannus vero supplicando pedibus regis reconciliatus est. In eadem tempestate venientes Ungari vastaverunt Thuringiam, deinde in Saxoniam, ibique in paludibus caeterisque difficultatibus perierunt. Alia autem pars nefandi exercitus fugiendo in terram suam reversi sunt.

939. Hoc anno cum esset rex in superioribus partibus Rheni fluminis, Heinricus, frater regis, Eburhardus, dux Franco-

---

[14]) Für diese Notiz nehme ich nicht wie Lappenberg (Archiv VI, 642) einen vielleicht unmittelbaren Einfluss der Annales Lobienses an. In ihnen (S. S. II, 210: Edit regina venit Saxoniam) wird weder von der Ehe Otto's gesprochen, noch wird erwähnt, Edith sei eine englische Prinzessin gewesen. Ueber Beides konnte der Quedlinburger Annalist sehr wol schon an und für sich unterrichtet sein, als auch Genaueres in Quedlinburg erfahren. Ueber das Jahr 929 s. übrigens Waitz: Heinrich I, pag. 136, Anm. 3.

rum, atque Gisilbrachtus, comes Luthariorum, congregato nefande exercitu, transeuntes Rhenum, maximam partem regni depopulati sunt. Cum autem reversi sunt gratulabundi, nuntiatum est Udoni, amico regis; qui cum suis repente irruens in eos, Eburhardum in ipsa ripa fluminis hostiliter, uti dignus erat, occiderunt. Gisilbrecht autem in brevi fluminis voragine dimersus et qui cum illo erant simul interierunt. Heinricus autem, frater eius, assumptis adiutoribus, supplicando regi gratiam suam recepit.

941. Otto rex de insidiis coniuratorum contra se liberatus statim pascha in Quedelingensis civitate, quosdam, quorum nomina sunt Erik, Reinward, Varin, Ascheric, Bacco, Hermon occidi, quosdam vero exilio relegari iussit.

946. Edith regina, contectalis magni Ottonis regis, amarum mortis poculum degustavit, relictis post se duobus liberis, Liudolfo et Liutgarde [15]).

947. Privilegium a papa Agapita Quedlinburgensi concregationi sancti Servatii defertur.

951. Adelheidam, vultu decoram, consilio providam et universa morum honestate valde praeclaram et regali avorum atavorumque prosapia ortam, coniuge illustrissimo, Lothario scilicet rege, iam tunc viduatam, connubiali sibi vinculo sociandam adquisivit. Eodem anno Heinricus, filius Heinrici ducis, natus est [16]).

954. Obiit Liutgard, regia proles.

955. Mechtild, gemma praelucida e medio coronae imperialis, decori suis et gaudio cunctis nascendo enituit.

So weit die selbständigen Nachrichten in den Quedlinburger Annalen, die sich meist auf die kaiserliche Familie beziehen.

---

[15]) Die Nachrichten der Ann. Lobienses für diese Jahre (S. S. II, 210) halte ich für zu kurz, um einen Einfluss derselben auf den Quedl. Annalisten anzunehmen, wie es Lappenberg (Archiv VI, 642 u. 643) tut.

[16]) Die Heirat Otto's mit Adelheid erwähnen auch die übrigen Hersfelder Ableitungen, ohne jedoch über Adelheid etwas Weiteres zu berichten.

Sie reden von derselben nur in einer ausgesucht gezierten und schmeichelnden Sprache, so 913 vom ganzen Geschlecht, 919 und 920 von Heinrich I., 951 von Adelheid, 955 von Mathilde. Wo die Verschwörungen gegen Otto I. berichtet werden, trifft die Gegner des Königs immer der schärfste Tadel. Thankmar wird 937 improbns genannt; 939 stirbt Eberhard wie er es verdient hat (hostiliter, uti dignus erat); die Verschwörung ist iniqua, das Heer der Aufwiegler nefandus, gleich wie die Schaaren der hereinbrechenden Ungarn. Locale Notizen für Quedlinburg sind nur 936 und 947 gegeben.

Was vom Jahre 962 an die grosse Lücke in den Quedlinburger Annalen betrifft, so habe ich auch in den von Waitz (Archiv VI, 690 und 691) zusammengestellten Ergänzungen Stellen gefunden, welche teils auf die Benutzung jener uns unbekannten Halberstädter Quelle hinweisen, teils aber wiederum selbständige Berichte des Quedlinburger Annalisten zu sein scheinen. Bis zum Jahre 973 verweist auf Halberstädter Aufzeichnungen:

963. Corpus sancti Gerontii de Jtalia allatum est per manum Otkerii episcopi 12 Kal. Augusti, iubente Ottone imperatore, et perlatum 9 Kal. Octob. in metropolim Saxoniae Magdaburg et a Bernhardo, Halberstadens episcopo, in cuius parrochia civitas sita erat, honorifice susceptum est. (Ann. Saxo. S. S. VI, 617).

965. Corpus etiam sanctae Justae virginis idem rex religiosus honorifice transmisit in Saxoniam.-Halverstadensis aecclesiae basilica 2 Kal. Aprilis cecidit. (Ann. Magdeb. S. S. XVI, 148. Ganz ähnlich Ann. Saxo. S. S. VI, 618 und 619).

968. Eodem anno Bernhardus venerabilis episcopus praesenti luce excessit, in cuius locum Hildiwardus, Dei famulus a clero simul et ab omni populo electus pastorali culmine subrogatur, vir summae castitatis ac caritatis et ultra humanum modum humilitatis ac patientiae virtute laudabilis. (Ann. Magdeb. S. S. XVI, 148. Ausführlicher im Ann. Saxo VI, 621. Vielleicht haben diesem hier die Halberst. Annalen selbst noch vorgelegen,

welche vom Quedl. Annalisten kurz excerpirt wurden und dann den Magdeb. Annalen in dieser Form einverleibt sind).

Für Nachrichten, die ans Quedlinburg selbst stammen, halte ich, weil sie Quedlinburg nahe berühren, folgende:

962. Eodem anno reliquiae sanctorum martyrum Fabiani, Eustachii, Pantaleonis, Ypoliti, Eugei, Miniatis, Valentis et corpus sanctae Laurentiae virginis a praedicto imperatore Quidelinggebnrgensi civitati transmissae religiosissime susceptae sunt. (Ann. Magdeb. S. S. XVI. 147. Fast ebenso Ann. Saxo S. S. VI, 617).

964 Corpus sancte Stephane virginis Quidelingeburgensi urbi transmissum est. (Ann. Saxo VI, 618).

966 Eodem anno antequam rex iret in Italiam Machtild, unica filia eius, decus sanctimonialium, communi consensu cleri et populi, religiosissime congregationi sancti Servatii in abbatissam electa est ac presentibus patre Ottone imperatore et matre Adelheida imperatrice aviaque sua Machtilde, nec non rege Ottone fratre suo cunctisque optimatibus regionis illius utriusque sexus, non uno, uti moris est, benedicente episcopo, sed cunctis regni archiepiscopis et episcopis in hoc opus collectis, benedicta est. (Ann. Saxo S. S. VI, 619).

968 Insignissima regina Machtild, imperatorum genetrix, optimatum ac principum dominatrix, pauperum egenorumque consolatrix, monasteriorum constructrix, ovibus materno lacte pro Christo hactenus a se nutritis, 2 Id. Martii corporali spetie subtracta est. Quae piis admodum studiis adornata, ut e plurimis pauca referamus, coenobium sanctorum confessorum Dionisii et Servatii in monte Quidilingburg situm, alterum in eadem civitate sub honore sanctorum Jacobi apostoli et Wicberti confessoris, in curte regia, tertium sanctae Dei genetrici Mariae in Northusun, quartum in Aggeri sancto Dionysio, quintum iterum sancto Servatio in Polithi plena religione construxit. Et licet omnium status accclesiarum, quas vel nuntiis invisere, vel per se ipsam poterat adire, totis viribus opibusque curaret sustentare, haec tamen, quae praediximus, monasteria, quasi propriori quo-

dam affectu, sibi suoque nomini singulariter asscripta fovere non destitit omnigenis commodis. (Ann. Magdeb. S. S. XVI, 148).
Ich fasse die hier gewonnenen Resultate noch einmal kurz zusammen. Eine Vergleichung der Quedlinburger Annalen mit den übrigen uns bekannten Hersfelder Ableitungen ergibt, dass in den aus Quedlinburg stammenden Ueberlieferungen sich eine grosse Zahl von Sondernachrichten und selbständigen Notizen findet. Teilweise können wir die Quellen erkennen. Bei Weitem der grösste Teil der Zusätze für die letzte Hälfte des achten und die erste Hälfte des neunten Jahrhunderts ist sehr wahrscheinlich indirect, vielleicht durch Vermittelung eines in Halberstadt verfassten Excerptes aus Einhards Annalen gewonnen worden. Andere Zusätze im 9. und 10. Jahrhundert lassen sich ohne Zweifel auf die Ann. Corbejenses zurückführen. Endlich sind öfter auch die Ann. Augienses benutzt [16]). Andere kurze Nachrichten sind der Hersfelder Vorlage selbst entnommen, denn bei ihnen finden wir im Wortlaute teils Uebereinstimmung, teils grosse Aehnlichkeit mit Angaben der Ann. Laureshamenses, Laurissenses min. u. a., welche Quellen für das Hersfelder Werk waren. — Von uns jetzt unbekannten Aufzeichnungen ist eine aus Gandersheim nur wenig, eine andere aus Halberstadt umfassender, vielleicht in der oben angedeuteten Weise zu Rate gezogen. Die aus Quedlinburg selbst stammenden Notizen be-

[17]) Waitz hat in den Göttinger Nachrichten 1873, pag 388 ff. auf uns verlorene Mainzer Annalen hingewiesen. Ich glaube nicht, dass diese von den Quedlinburger benutzt worden sind. Die Ann. Capituli Cracoviensis (S. S. XIX, 584 f), welche Spuren dieser Mainzer Aufzeichnungen enthalten, stimmen in den Jahren, die ich für die Quedlinb. aus den Augiens. unbedingt entnommen erachte, mit den Quedlinb. durchaus nicht überein. so 829, 860, 910, 917. Trifft nun zwar zum Jahre 746, aber auch nur hier, die Quedlinb. Nachricht mit der aus Krakau wörtlich überein, und ebenso auch chronologisch, so ist dieses einen Falles wegen eine directe Benutzung der Mainzer Annalen durch die Quedlinb. noch nicht anzunehmen. Die Abweichungen fallen hier mehr in's Gewicht, zumal da, wie schon oben erwähnt, zu den Jahren 829 u. 860 Reichenauer Specialnachrichten in den Quedl. angeführt sind.

ginnen erst mit dem Jahre 913. Sie können nicht vor 967, d. h. vor der Kaiserkrönung Otto's II. niedergeschrieben sein, denn schon 913 heisst es: Otto ducum praecipuus, de quo .... *imperatoria illa Ottonum propago* .... processit ... Ihr Entstehungsort scheint mir im St. Servatiuskloster selbst zu suchen zu sein, denn dieses wird wiederholt ausdrücklich erwähnt und berührt, so 936, 947, 966 und 968.

Vita.

Geboren am 21. März 1853 zu Hamburg als Sohn des dortigen Predigers A. Detmer in St. Georg, erhielt ich, Heinrich Detmer, den ersten Unterricht in einer höheren Bürgerschule meiner Vaterstadt. Wachsende Neigung zu wissenschaftlichen Studien veranlasste mich, von Ostern 1870 an mich vorzugsweise der Erlernung der classischen Sprachen zuzuwenden. Nach einjährigem Privatunterricht in denselben bestand ich das Aufnahmeexamen für Obersecunda an der gelehrten Schule des Johanneums, machte den Cursus der höheren Klassen durch, erhielt Ostern 1874 das Zeugniss der Reife für die Universität und erlangte im April desselben Jahres die Immatriculation in Göttingen. Während eines zweijährigen Aufenthaltes daselbst, bis Ostern 1876, gab ich mich der Philosophie und mit besonderer Vorliebe dem Studium der Geschichte hin. Ostern 1876 siedelte ich nach Leipzig über und setzte dort noch drei Semester meine Studien fort. Während meiner Universitätsjahre hörte ich Vorlesungen bei den Herren Professoren Arndt, Baumann, Brugsch, Frensdorff, Goedeke, von Ihering, Lotze, Meyer, von Noorden, Pauli, Voigt, Wachsmuth und Waitz. Allen genannten Herren werde ich mich immer zu aufrichtigem Danke verpflichtet fühlen, insbesondere den Herren Professoren Arndt, Pauli, Voigt und Waitz, an deren anregenden historischen Uebungen Teil zu nehmen mir gestattet war.